纪念改革开放30周年

农村民主自治发展研究

Nongcun Minzhu Zizhi Fazhan Yanjiu

黄涌群◎著

暨南大學出版社
JINAN UNIVERSITY PRESS
中国·广州

图书在版编目（CIP）数据

农村民主自治发展研究／黄涌群著．—广州：暨南大学出版社，2008．12
ISBN 978－7－81135－145－3

Ⅰ．农…　Ⅱ．黄…　Ⅲ．农村—群众自治—研究—中国　Ⅳ．D638

中国版本图书馆 CIP 数据核字（2008）第 190825 号

出版发行：暨南大学出版社

地　址：中国广州暨南大学
电　话：总编室（8620）85221601
营销部（8620）85225284　85228291　85220693（邮购）
传　真：（8620）85221583（办公室）　85223774（营销部）
邮　编：510630
网　址：http://www.jnupress.com　http://press.jnu.edu.cn

排　版：传欣设计
印　刷：广东省农垦总局印刷厂

开　本：787 mm×960mm　1/16
印　张：10.125
字　数：159 千
版　次：2008 年 12 月第 1 版
印　次：2008 年 12 月第 1 次
印　数：1—2000 册

定　价：25.00 元

序 言

在纪念中国改革开放三十年之际，每一个人都会回想这三十年里中国究竟发生了什么变化。无须过分的谨慎，完全可以宣言中国在这三十年里发生了翻天覆地的变化，取得了举世瞩目的成就。这个巨大的成就不仅表现在世人皆知的经济持续高速发展的奇迹上，而且包括覆盖社会各个领域全方位的发展奇迹。这其中包括了国人乃至世界最关注的中国在民主政治发展方面取得的进展。

中国的政治发展，在从“以阶级斗争为纲”转向“以经济建设为中心”的形势下，自然而然地随之发生了转变。这种转变主要体现在以下几个方面：在治国方略上，提倡法治，反对人治，强调作为领导力量的中国共产党在领导人民制定法律的同时，也必须在法律范围内活动；在党政关系上，废除党政合一的“一元化”领导制度，实行党政职能分开；在政治和经济的关系上，废除农村“政社合一”的政经不分的人民公社制度，实行政经（社、企）分开，重新构筑国家的政治经济关系；在领导制度上，废除领导职务终身制，实行领导职务任期制和退休制；在民主政治方面，逐步扩大直接民主范围，实现县乡人民代表直选和村民自治等一系列政治改革。这些改革举措已经使中国的政治生活在民主法治的道路上前进了一大步，政治生态也发生了极大的改变。

在农村，最引人注目的政治发展政策是全面实行村民自治。但是，民主政治每前进一步都要克服种种困难。以直接民主为主要内容的村民自治从一开始就充满了争议，时至今日，仍是仁者见仁，智者见智，不同意见之间的争论并未平息。于是，面对不断探求中国现代化的民主政治的实现路径，以及在现代化进程中农村怎样才能不拖后腿等一系列问题，二十几年都在农村基层工作的我，也想发出一个基层建设者的声音。

本书侧重从政治心理学的角度对村民自治进行研究，采用抽样调查的实证研究方法，测量农村村民自治的绩效和村民政治参与的态度，以求准确地把握中国农民政治参与的实际情况。并从制度的设计、施行和效果来分析制度的绩效，从与制度相关的组织行为和个人行为的角度分析制度博弈中设计者、执行者和被规范者三者之间的相互作用机制，检验制度的良性和内在稳定性。制度的良性是指制度使所规范的机构和人员参照该制度不断地改变原有的行为模式，从而获得自身利益的最大化；制度的稳定性是指制度所规范的机构和人员之间的利益冲突能通过制度本身予以消除，从而使制度不会失效而保持稳定，也即制度不是一个耗散结构，其内部具有自我稳定机制。同时也从中吸取经验和教训，希望能为中国农村的民主化进程提供制度设计资料，并为决策层完善正确的民主政治实现方案提供依据。

本研究也希望我国对政治现象的研究能够及早转向对政治参与者与政治规则之间互动的动态研究，为制度创新、制度设计和实施提供新的指导思想，对于完善中国农村的村民自治制度，特别是在农村基层这个操作环节上，在村民自治的制度框架下改善农村社区治理和发展。

世界潮流浩浩荡荡，它总能找到前进的方向。

民主潮流浩浩荡荡，它同样不会在人们的争论中停下前进的脚步。

目　录

第一章
村民自治的历程

“以铜为鉴，可正衣冠；以古为鉴，可知兴替；以人为鉴，可明得失。”这是《新唐书·魏征传》里记述的中国历史上备受尊崇的封建君主唐太宗李世民讲过的一句颇为著名的话。以古为鉴，可知兴替的道理，对于许多社会现象的研究同样是适用的，研究村民自治现象也不例外。当然，中国的村民自治直接取法于西方民主政治理论的实践，所以村民自治也需要与西方地方民主自治实践作比较。但东西方之间因历史和现实的不同，特别是文化的差异过大，因而比较的借鉴意义主要在西方民主理论有效运用的机理方面。中国是世界文明古国之中唯一能够保持自己的文明连续而没有间断的国家，因此中国所有的社会现象都带有极为明显的中国文化印记，研究村民自治就必须了解中国农村基层社区治理的历史脉络。

第一节　国家基层治理组织制度的演化

在人类社会发展的文明史上，农业文明延续的时间最长。农业生产方式不仅决定了农民的生活方式，也决定了农民群体的社会组织形式。作为生产者的农民与作为生产资料的土地间不可分割的关系，决定了农民的生活方式和社会组织形式为聚村而居，而受自然条件严重制约的传统农业进一步选择了宗族集村聚居方式。美国学者杜赞奇在《文化、权力与国家》一书中对新中国成立前中国华北地区的农村村落有过这样的描述，“村落组织是由拥有共同祖先的血缘集团和经济上相互协作的家庭集团组成”①。其实，中国绝大部分村落与华北地区的村落是一样的情形，可以说，乡村宗族社会就是中国历史上农村最主要的存在形式。乡村社会治理问题也正是在这样的背景下延续了几千年，至今让我们探索不已。

一、新中国成立前的农村基层治理组织

中国自进入国家形态的文明社会至1949年新中国成立之前的历史上，乡村行政性质的农村基层治理组织制度就出现过多种形式。一般认为，行政性质的基层治理组织制度有过周代的乡遂制、秦汉的乡亭里制、唐代的乡里制、宋代以后的保甲制、清末和民国时期的乡村自治制度等②。这些制度是国家制定的官方制度，一直伴随着官方体制同行的还有民间性质的宗族组织，它与官方体制互相作用，共同影响着农村基层的社会治理和政治形态。国家基层政治制度与宗族组织的相互关系也成为我们了解农村基层治理制度史的重要组成部分，从中我们可以看到影响制度运作进而引起制度变迁的各种力量的角力。记载中国农村基层制度的有价值的历史文献不多，因而对中国农村基层制度的许多细节研究也不是很清晰，本章的重点是通过回顾基层制度历史的传承以获得启示，而不是专门对基层制度的研究，所以选择一些较为系统和共识性的研究成果来描述中国基层社会组织制度的概貌。对新中国成立之前的基层治理制度描述主要参考赵秀玲的《中国乡里制度》，民国时期的乡村自治主要参考李德芳的《民国乡村自治问题研究》，在此基础上再吸取其他农村基层政治制度研究成果，从而对中国农村基层社会的组织制度及其实际运行方式、效果和利弊形成一个基本的认识。

---

① ［美］杜赞奇．文化、权力与国家．南京：江苏人民出版社，1994. 85

② 王春光．中国农村社会变迁．昆明：云南人民出版社，1996. 48

（一）传说时期的“邑里制”

这主要指夏商断代以前的文明时期，包括国家建立前和建立后的阶段。朱炳祥对宗族发展的研究认为，“夏商周三代的国家结构方式是从夏以前的‘无国家社会’中借鉴而来，是以宗族原则作为基本原则来建构国家的政治体系，这与普里查德所研究的非洲努尔人的宗族裂变分支相一致”。朱炳祥还推断夏代国家政权建立以前的无国家社会时期，乡村政治与宗族政治合二为一。而从无国家社会进入有国家社会的时期，村社与宗族具有一体性，可能依然是沿袭血缘对于地域的一种整合，以宗族原则为主导来建构地域社会，国家只是从理论层面上运用乡里制度对村社进行统一管理。也即夏国家的建立并没有改变基层的形态，这是夏代的初始状态。之后，民间社会是按国家的乡里制度的地域性原则来建构的。[①]虽然仍然无法弄清那时国家的基层组织制度，但我们从摩尔根的《古代社会》及恩格斯的《婚姻、家庭和私有制的起源》等研究可以知道在国家产生之前，人类社会早已存在，社会的组织方式先是以氏族血缘基础为主进行组织，之后是以宗族形式对血缘和地缘的整合为主进行组织，再发展为以国家的制度规范为主进行组织，这是一个漫长的、渐进的发展变化过程。那么，在得到确凿的史料可以说明初始的国家基层组织制度之前，我们可以相信在有国家统治的状态时，是在氏族社会内部进一步分化之后，基层社会才会有被重新组织的需要。进入农业文明时期的人类社会里，家庭作为基本的经济生产和种族繁衍的功能单位已经固定下来，是社会生产生活的细胞，家庭也因而成为最小也最重要的社会组织单位。因此最基层社会组织制度自然应是以家庭而不是个人为基本单位进行组织的，并且是以农业生产与生活居住紧密结合在一起为基础才能实现的。所以宋代人写的《文献通考》里注意到“井”和“户”结合起来的生活居住形式，注意到“井”和“田”结合起来的生产组织形式，这种对最基层社会组织制度的建立基础的理解其实和今人的理解是一致的。就算《文献通考》的史学价值有存

① 朱炳祥．村民自治与宗族关系研究．武汉：武汉大学出版社，2007．44～45，56～58

疑，我们也可以参考，因为它对今天的农村基层治理制度研究有启发意义。

国家对农村基层民众的社会组织方式——乡里制度可能萌生于黄帝时期，可称为“邑里制”或“井宅制”。马端临的《文献通考》卷十二所载，“昔黄帝始经土设井，以塞争端。立步制亩以防不足。使八家为井，井开四道而分八宅。凿井于中，一则不泄地气，二则无费一家，三则同风俗，四则齐巧拙，五则通财货，六则存亡更守，七则出入相司，八则嫁娶相媒，九则无有相贷，十则疾病相救，是以情性可得而亲，生产可得而均。均则欺凌之路塞，亲则斗讼之心弭。既牧之于邑，故井一为邻，邻三为朋，朋三为里，里五为邑，邑十为都，都十为师，师七为州。夫始分于井则地著，计之于州则数详，迄乎夏殷不易其制”。据此，黄帝至夏代实行的基层社会组织制度可以称为“邑里制”。按上面所载的各个层级的规模进行推算，“里”有七十二户，“邑”有三百六十户，邑里制中对井宅的设计，在经济生产和社会生活方面的功能非常具体而充满人性化及与自然的协调，其目的和作用非常明显，即构筑一个和睦的礼俗化熟人社会结构。

（二）周代时期的“党族制”

据学者们的研究，夏代的乡里制度少有记载，而周代的乡里制度是乡遂制。据资料显示，西周时，行政区域分成国都地区的“国”区域和国都以外地区的“野”区域，“乡”是国都地区的“国”区域的行政区划设置，“遂”是国都之外的“野”区域的行政区划设置。“乡”和“遂”在当时是高于“州”和“县”的层级，“乡”的人口规模，按《汉书》卷二十四上《食货志第四上》记载：“在邑曰里。五家为邻，五邻为里，四里为族，五族为党，五党为州，五州为乡。乡，万二千五百户。”非常明确表明“乡”有“万二千五百户”的人口规模。清人孙诒让在《周礼正义》卷十九《地官·大司徒》和卷二十九《地官·遂人》记述了“六乡”和“六遂”，“六乡”：“五家为比，使之相保；五比为闾，使之相受；四闾为族，使之相葬；五族为党，使之相救；五党为州，使之相赒；五州为乡，使之相宾。”“六遂”：“五家为邻，五邻为里，四里为酂，五酂为鄙，五鄙为县，五县为遂。”由此，从“乡”在行政区划设置序列的位置和人口规模来看，显然，“乡”应该是属于国家的地方行政区划制度，而不是基层制度。“遂”与“乡”是处在“国”、“野”两种行政区划设置序列相对应的位置上的，与“乡”同理。描述基层制度应该以基层社会的区域名称来表述，而不是以高于基层社会的行政区划的特点来表述。所以，乡遂制只能是周代的行政区划的名称，周代的基层制度或许不应该叫做乡遂制，准确地说可以叫做有城乡分别的“党”“鄙”制或“党族制”。按《周礼正义》所述的“州”“县”层次，“州”“县”的人口规模为二千五百户，与今天西部地区人口稀少的县相当。考虑到县是自秦朝以来至今的行政区划体系里最稳定的层次，可以把“州”“县”以下层级的“党”和“鄙”或“族”和“酂”作为周代的基层制度特征，或者可以用“党族制”来表述周代基层组织制度。“四闾为族，使之相葬；五族为党，使之相救”，“族”和“党”的人口规模分别为一百户和五百户。在乡遂制的地方行政区划制度中，对各个行政层级的组织功能都作了规定，“族”规定为“相葬”的功能，“党”的功能为“相救”，由此可见“相葬”和“相救”应当是周代基层组织的主要职能。

（三）春秋战国时期的“乡里（邑）制”

春秋战国是乡里制度初步定型的时期。由于诸侯割据，各自为政，因而诸侯国之间的基层制度各有各的特点。以齐国为例，《管子·小匡》载：“五家为轨，轨有长；十轨为里，里有司；四里为连，连有长；十连为乡，乡有良人。”如此，“里”的规模有五十户，“乡”有二千户。马端临的《文献通考》卷十二《职役一》载：“三十家为邑，邑十为率，率十为乡，乡三为县，县十为属。”据此，乡有三千户的人口规模。显然，“乡”的名称虽然相同，但人口规模不一样。县的建制以下设立乡、里（或邑）作为基层管理组织的体制是各诸侯国的普遍做法。同时，诸侯国之间的军事竞争使之对民众控制的需要特别突出，管理民间社会的基层组织设置就需要更为严密，因此在基本的基层组织设置之下，还有微观的组织设置，这就是对当时和后代影响深远的另一种组织制度，即什伍制。

什伍制源于周代,《周礼》中有“五家为比,十家为联;五人为伍,十人为联”,这种组织方式到春秋战国时期已被各诸侯国采用,成为“里”之下的组织单位。其目的和作用是强化对基层社会的控制。齐国的管仲被认为是什伍制的最初推行者,他说,“夫善牧民者,非以城廓也,辅之以什,司之以伍;伍无非其人,人无非其里,里无非其家”,什伍之法,使“奔亡者无所匿,迁徙者无所容,不求而约,不召而来。故民无流亡之意,吏无备追之忧”。什伍制的成效是齐国实行什伍制之后成为春秋时期的霸主,秦国在商鞅变法时也曾采用此法。《史记·商君列传》记:“行之十年,秦民大悦,道不拾遗,山无盗贼,家给人足。民勇于公战,怯于私斗,乡邑大治”。什伍制是春秋战国时期基层组织制度乡里(邑)制之下的微观补充。

(四)秦汉时期的“乡亭里制”

秦汉是基层组织治理制度的确立期,也是以乡官制作为基层组织治理制度的确立时期。两汉许多制度是因袭秦代并有所丰富和发展的,基本属于同一类型。秦汉时期的封建官僚体制还未能完全控制基层社会,加上汉初“无为而治”的统治政策,基层社会还处于半自治状态,表现出勃勃生机和活力①。当时国家行政区域为郡、县、乡三级,乡作为基层行政区域得以确定,国家体制性权力机构在乡一级,且贯彻到亭、里。基层组织是乡、亭、里三级结构,乡是国家行政系统的末级,里是民间社会的管理单位。《汉书·百官表》对基层制度和基层组织的职能都有记录:“以县统乡,以乡统亭,以亭统里。大率十里一亭,亭有长;十亭一乡,乡有三老、有秩、啬夫、游缴。三老掌教化,啬夫职听讼、收赋税;游缴主循禁盗贼。”最基层是里,百家为一里,设有里魁。

魏晋南北朝的乡里制度有的承袭秦汉的乡亭里制,有的仿周制。这个时期是门阀权贵等级性宗法宗族制度最为鼎盛的时期,除了国家对民间社会的控制,宗法家族势力对乡里制度的影响也很大,这使得隋唐时期必须加大对门阀权贵等级

---

① 赵秀玲. 中国乡里制度. 北京:社会科学出版社,1998. 14

性宗法宗族势力的打击力度，并对乡官制作一些调整，以减少国家行政支出。

（五）隋唐时期的“乡里制”

隋唐是乡官制开始向职役制转变的转折时期。据《隋书》卷二十四《食货志》记载，“五家为保，保五为闾，闾四为族”，赵秀玲认为隋初的乡里组织为族、闾、保三级，之后改为“乡、里”二级。乡和里的规模则如《隋书》卷二《高祖纪·下》所载是“五百家为乡，正一人；百家为里，长一人”。

唐代乡里组织实行的是乡、里（坊、村）制。《旧唐书·职官二》记载：“百户为里，五里为乡。两京及州县之郭内，分为坊，郊外为村。里及坊村皆有正，以司督察。四家为邻，五邻为保。保有长，以相禁约。”隋唐的基层组织规模，乡都是五百户，里都是一百户。其职能如《文献通考·职役一》述，“每里设正一人，掌按比户口，课植农桑，检察非违，催驱赋役”。唐代的里正负责管理整个基层社会的事务。唐代中期以后，里正的地位明显下降，乡里制度开始由乡官制向职役制转变。里正不再属于由县级地方政府任命的乡官，而是由人丁和财产较多的人户轮流承担的职役，基层行政工作摊派给基层社会由民间人士轮流承担。《文献通考·职役一》对职役的解释是“大抵以士大夫治其乡之事为职，以民供事于官为役”。基层行政组织的负责人从吃皇粮的国家官吏演变为没有领取官府报酬而任由官府驱使的差役，从能够兼顾国家政策执行和地方民间利益、国家和民间上下都需要的缓冲式领袖人物，转变成为只执行徭役赋税等官府任务、两头受怨不讨好的人物。

（六）宋代及以后的“保甲制”

宋代乡里制度经历了由乡里制向保甲制的演变过程，是完成乡官制向职役制转变的时期。公元 1070 年，王安石变法后，国家最基层体制性权力机构设置回收到县一级，基层制度则改为保甲制。《宋史》卷一九二《兵志六》载：“十家为一保，选主户有干力者一人为保长；五十家为一大保，选一人为大保长；十大保为一都保，选为众所服者为都保正，又以一人为之副。”保甲制是一种兵民合一的制度，还承担了编审户籍人丁，征赋税劳役，维护秩序，仲裁纠纷，教化一方的经济、政治和文化功能。

这个时期的基层制度有以下几个重大变化：首先，基层组织负责人由乡官转为职役，地位下降了；其次，乡里制转为保甲制，组织功能的侧重点随之从注重维护基层社会秩序转为注重完成国家任务；再次，宗族制度发生了变化，此前的宗族模式门阀权贵等级性宗法宗族制度，演变为庶民化宗族制度。

宋代形成的这种基层组织制度及其功能和运作模式一直到清末萌发村民自治制度之前，都没有大的改变。元代基本实行乡、里制和社制，名称则有所变化，如《萧山志》载，“改乡为都，改里为图”；明代实行的是初期的里甲制和中后期的保甲制；清代实行牌甲制，基本上都是因袭旧制，内容都差不多。

值得注意的是明初基层组织在设置上和职能上的细微变化，这些变化透露出专制统治时期一些有启发意义的基层社会管制信息。如明初设立了老人制和粮长制，老人制实质上是通过象征着德才与名望的老人来教化乡里，带有自治色彩，以部分实现基层社会的利益，与秦汉时期的“三老”相近；粮长的设置则强化了作为国家任务主要内容的赋税的征集，以实现国家利益。这种职能分开的制度改革从另一个侧面体现了民间社会自身利益和国家利益难以调和的矛盾，也体现了基层社会管理者实际上难以顾及利益取向不同的国家和民间社区。明初的老人制和粮长制从职能上和设置上使基层组织负责人所需承担的任务再次复归秦汉旧制的角色分工制，可以理解为是对制度实践的一种检验。基层管理者如何平衡国家利益目标和民间利益目标，其实这个问题始终贯穿于基层社区管理的整个过程，直至今天的村民自治仍然存在。

（七）清末和民国时期的“乡村自治制度”

这个时期曾经实行过乡村自治制度，但基本上没有全面实施。1908 年，清政府颁行《城镇乡地方自治章程》。该章程规定乡村地方划分为镇和乡，人口满 5 万者为镇，不足 5 万者为乡。这种镇乡规模的自治制度与农民以村落为生活单位的实际情况并不一致，因而“在人民心理上，社会习惯上，实无丝毫印象”。

直到民国时期的1915年，内务部颁布《地方自治试行条例》及《施行细则》，并于当年10月宣告直隶定县翟城自治模范村的成立，中国近代乡村自治才被公认进入真正的实施阶段。[①]

赵秀玲总结1949年以前中国的乡里制度认为，乡里制度大体经历了从乡官制到职役制的转变过程，乡里制度的自治色彩逐步弱化；制度的演变和发展的规律表现为间断性、跳跃性、地域性等特征，许多时代乡里制度不像县以上政权那样整齐划一，而多因俗而置，乡里组织的称呼也复杂多样。整体上呈现出完整的层级节制、左右关联、纵深型网状的组织结构。

在基层社区组织制度的实际运作中，不论是乡官制时期，还是职役制时期的保甲制或是乡村自治，这些基层社区组织的“村官”都是由乡绅直接担任或在幕后主导控制。所以，中国封建时期至近代以来基层社区组织的实际管制基本上都由宗族乡绅进行，乡村自治实际上是宗族乡绅自治。如果从“村官”的身份变化来看基层社会的治理效果，则“村官”与“村民”之间，因各自身份背后固有的各种差异所体现的异质性，可以让人预见基层社区治理的效果不可能是和睦的，最多只能实现威权下的秩序。

二、新中国成立后的农村社区管理组织

1949年新中国成立后，中国乡村行政性质的农村社区管理组织制度，主要是新中国成立后的社队（公社、大小队）制和目前正在运行的乡（镇）村制。

这两种体制形成之前，都存在着过渡性质的组织形式。1958年开始的公社化时期之前有过集体化时期的过渡阶段，这个过渡阶段的农村社区管理组织是乡（区）村二级组织。土改时期，在县以下划分为行政区作为县的派出机构，行政区相当于后来的公社、区公所、乡镇等这一层级的建制规模。1950年12月，政务院公布了《乡（行政村）人民代表会议组织通则》和《乡（行政村）人民政

① 李德芳．民国乡村自治问题研究．北京：人民出版社，2001．4，23

府组织通则》，乡是基层政权机关。此时的乡一般要比区的规模小。1954 年新中国第一部宪法规定，经省一级人民委员会批准后，可以设区公所作为县人民政府的派出机构。于是全国的农村基层组织统一变成了县以下设区公所，区以下设乡政府，乡以下设村，村以下设组的制度。那时的农村工作，需要通过搞运动的方式来推进，所以除了这些组织外，重要的工作通常是由上级派出各种专门的工作队来主导完成。

1988 年建立乡（镇）村组织体制之前，也有一个过渡阶段。1982 年的《中华人民共和国宪法》第九十五条规定，改变人民公社政社合一的体制，设立乡政权。1983 年 10 月，中共中央、国务院发出了《关于实行政社分开建立乡政府的通知》，明确指出：政社分开建立乡政府工作要与选举乡人民代表大会代表的工作结合进行，大体上在 1984 年底以前完成。通知要求在撤社建乡的同时，要撤队建村，即撤销生产大队，建立村民委员会；撤销生产队，建立村民小组。通知明确要求："村民委员会是基层群众性自治组织，应按村民居住状况设立。村民委员会主任、副主任和委员要由村民选举产生。各地在建乡中可根据当地情况制定村民委员会工作简则，在总结经验的基础上，再制定全国统一的村民委员会组织条例。有些以自然村为单位建立了农业合作社等经济组织的地方，当地群众愿意实行两个机构一套班子，兼行经济组织和村民委员会的职能，也可同意试行。"虽然到 1984 年全国基本完成了撤社建乡工作，但各地的做法各不相同。大多数以原公社为基础建乡，少数以几个大队合并建乡或以一个大队建乡，取消的人民公社建立了区公所，作为县的派出机构。所以乡的数量远远多于原来公社的数量。1958 年，人民公社化完成后全国建立了 23 384 个人民公社，到 1984 年底完成撤社建乡工作时，全国共建乡 84 340 多个[①]。

这两个过渡时期都很短暂，所以不详细分析它们，这里只介绍社队制和乡（镇）村制。

---

① 罗平汉. 村民自治史. 福州：福建人民出版社，2006. 21

（一）社队制

新中国成立之初，在农村实行了土改，农民获得了土地所有权，农业恢复性生产得到较快发展。经过互助组、初级社、高级社等合作化的过渡后，农村逐步走上了集体化。1958 年 8 月，中共中央政治局扩大会议通过了《关于在农村建立人民公社问题的决议》，把全国 790 000 个农业社合并为 23 384 个人民公社，形成了公社、大队、小队三级组织结构，农村社区管理的组织结构基本稳定下来，直至人民公社解体。人民公社不仅是一个集体经济组织，也是一个最基层的行政组织，是属于县以下的行政区划单位。公社这一级的设置全国基本较为统一，其下面的设置规模则各有各的特点。一般是人口较多的单个自然村或者几个人口较少的自然村联合起来设置大队。单个自然村设置大队的，多是从传统的社里或按居住状况再分设小队；自然村联合起来设置大队的，多是以自然村设置小队，有的自然村也再细分设置小队。在经济上是“三级所有，队为基础”的集体所有制经济体制，政社合一的全能体制由此全面在农村基层形成。

在今天看来非常失败的社队制，那时却有着许多因素促使其形成。既有国际政治因素，也有国内意识形态因素，更主要是由国家利益所主导的国家发展战略的需要。温铁军在《中国农村基本经济制度研究》一书中认为：“对现有的资料分析表明，我国农业集体化产生的主要原因，并非农业生产自身的需求，而是国家工业化的需求。为了进行工业化必需的资本原始积累，政府强制性地在农村建立了这种能够相对成功地直接获取农业剩余的制度以及相应的组织载体。”这个时期为了实现国家工业化而进行的资本原始积累的主要方式是：“在国家高度集中的垄断经济体制下，全额占有城乡各种资源；全环节控制工业、农业和其他各产业的生产、交换、分配、消费等全部劳动剩余价值，然后通过国家财政的再分配，转化为城市工业资本的原始积累。”“政府在农村通过‘统购统销’的流通体制和‘人民公社’的组织体制这两个相辅相成、互为依存的制度体系，直接获取除农民基本生存消费之外的全部农业剩余，以保证处于起步阶段的城市工业稳定获得低价原材料供应和工业劳动力简单再生产的食品供应；而在城市，则是以非商品交换的计划体制的内部分配，通过低工资和消费品的计划配给方式来获取城市工人劳动的剩余价值，转化为国有工业扩大再生产所需要的投入。正是通过这种高度集中垄断的资源经济控制方式，保证了中央政府在不到30年的工业化进程中，多数年份都能形成高达30%的积累率，使中国从50年代初期一个工业产值和城市人口均占仅15%的典型小农经济条件下的传统农民国家，在既缺乏外部市场又几乎无外来投资的恶劣的国际环境中，发展成为工业产值达70%以上、产业门类齐全、专业分工细致的初步工业化国家。”[①] 温铁军的分析准确而深刻地指出了在那个时期国家制定政策的利益动机究竟是以何优先的问题，也就是究竟应该把什么问题、什么群体的利益放在解决问题的首位，这将决定一项政策是否能得到民众支持，是否有生命力的问题。之所以引用这段话，是因为这种利益动机分析法对于今天的制度分析同样适用，对制度制定同样具有启发和借鉴意义。

由于集体化制度本来就不是为了农村经济的发展而设计的，人民公社体制损害农民利益就很自然，因而实施了二十年仍没能得到农民的认同。这种由政治行动而非经济行为推动的集体化过程的失败，不得不让农村回到一个非集体化的过程中去。于是，1978年以“包产到户”为主要内容的家庭联产承包责任制在农村开始了非集体化的过程。在这个过程中，与农民利益紧密联系的大队和生产队两级集体财产，包括牧畜、农机具、仓库、晒谷场等能分的财产都被瓜分一空，集体经济基本瓦解了。只有一些大队办公场所、大队企业，以及与农民利益较远的公社集体财产没有被瓜分。政社合一的体制缺少经济功能这一半时，另一半的政治功能也就无法独立存在。农村的非集体化改革抽空了大队和生产队组织的权威资源，使大队和生产队组织处于分崩离析的状况，农村干部队伍人心涣散，既无力也无心去履行农村社会的公共管理和服务职能，社队组织体制走到了尽头。

分析社队制的形成原因使我们知道，在中国现有体制下，从政治因素的考量出发和由政治力量推动的制度变迁是随时都可能发生的，并且这种制度变迁可以

① 温铁军．中国农村基本经济制度研究．北京：中国经济出版社，2000．141～142

不管是来自生产力发展的要求或是来自经济基础发展的要求。从根本上讲，我们现在的政治制度和人民公社运动时期并没有本质上的改变，这就启示我们要很好地了解农村实行村民自治的民主化改革的制度设计的动机，以及分析推行以民主化改革为目标的村民自治的动力来源，考察与人民公社运动时期农村政策的制定方式两者之间是否存在相同的地方。它同时提醒着现阶段的农村是否也同样存在为国家工业化作贡献的条件和需要。这将是本书后面要谈到的问题。

（二）乡（镇）村制

如前所述，随着家庭联产承包责任制在农村的全面实施，原来社队制的基础已经动摇，农村的社会管理和政务推行也出现了问题。为此，中共中央、国务院在1983年10月发出了《关于实行政社分开建立乡政府的通知》，通知要求撤社建乡，撤队建村。撤队建村即撤销生产大队，建立村民委员会；撤销生产队，建立村民小组。撤社建乡、撤队建村工作要求在1984年底完成。至1984年底，全国共建乡84 340多个，建村委会927 311个。全国各地建立村委会的情况可参见民政部基层政权建设司农村处的资料（见表1－1）①。

表1－1 1983年至1986年全国农村村民自治组织的建立情况表

	1983年村民委员会数（个）	1984年村民委员会数（个）	1985年村民委员会数（个）	1986年村民委员会数（个）	1981年生产大队数（个）
合计	311 681	927 311	948 628	866 130	718 022
北京	2 037	4 398	4 404	4 400	4 020
天津	3 826	3 836	3 821	3 818	3 883
河北	4 661	50 208	50 309	50 316	50 359

① 罗平汉．村民自治史．福州：福建人民出版社，2006. 21，42

（续上表）

	1983 年 村民委员会数 （个）	1984 年 村民委员会数 （个）	1985 年 村民委员会数 （个）	1986 年 村民委员会数 （个）	1981 年 生产大队数 （个）
山西	194	30 861	32 229	32 280	31 664
内蒙古	3 639	13 479	13 557	13 145	12 595
辽宁	12 120	15 672	15 764	15 869	15 697
吉林	10 067	10 087	10 070	10 136	10 146
黑龙江	1 866	14 308	14 466	14 444	14 056
上海	355	3 037	3 014	3 036	2 998
江苏	32 988	35 908	36 024	35 969	35 683
浙江	22 925	42 524	43 094	43 169	42 532
安徽	19 719	30 113	36 033	36 219	30 087
福建	1 345	15 307	15 209	18 108	14 333
江西	95	20 004	19 902	20 014	23 274
山东	3 119	88 199	88 913	88 859	86 143
河南	30 709	46 565	46 570	46 918	45 443
湖北	1 450	32 582	32 303	32 796	31 634
湖南	4 071	47 190	47 390	47 168	47 103
广东	94 561	142 286	361 172	43 634	27 067
广西	5 423	13 729	13 873	14 280	13 864
四川	26 419	75 915	75 881	86 479	75 572
贵州	1 993	25 581	75 881	22 828	25 429
云南	4 523	91 517	105 587	107 301	13 756
西藏		10 109	14 675	10 068	
陕西	5 636	32 707	32 536	32 848	30 645

（续上表）

	1983 年村民委员会数（个）	1984 年村民委员会数（个）	1985 年村民委员会数（个）	1986 年村民委员会数（个）	1981 年生产大队数（个）
甘肃	15 057	17 387	15 469	17 379	16 758
青海	913	4 220	3 944	4 023	3 749
宁夏	1 633	2 390	2 438	2 435	2 305
新疆	327	7 463	8 199	8 190	7 227

（资料来源：民政部基层政权建设司农村处．中华人民共和国村民委员会有关法规及资料汇编．1994. 112 ~ 116）

这个时期建立的村民委员会，绝大多数地方是以原来的生产大队为基础设立的，少数地方也有例外，直至 1988 年 6 月 1 日《中华人民共和国村民委员会组织法（试行)》正式生效之前，农村基层行政体制或者说实际的运作方式都带有各地的特点。这个时期产生的村民委员会都没有要求在严格的民主程序下完成，有的仅仅是生产大队换牌为村委会而已，从 1983 年和 1984 年村民委员会数量的变化可以看出，在短时间内完成村委会的建立也只能是先建立后完善了。有些地方（特别是自主成立村委会的地方）则通过村民会议由村民直接选举产生村委会。

但是，并不是在《中华人民共和国村民委员会组织法（试行)》正式生效之后，全国各地就全面按《中华人民共和国村民委员会组织法（试行)》规范村委会的运作。有资料表明，全国各地实施《中华人民共和国村民委员会组织法（试行)》的步调并不一致（见表 1 - 2）①。

---

① 罗平汉．村民自治史．福州：福建人民出版社，2006. 88

表1-2　一些省、市、自治区出台《中华人民共和国村民委员会组织法（试行）》实施办法的时间（截至1994年底）

地区	时间	地区	时间	地区	时间
福建	1988年9月2日	浙江	1988年11月28日	甘肃	1989年7月20日
贵州	1989年7月26日	湖北	1989年8月26日	湖南	1989年12月3日
河北	1990年6月20日	黑龙江	1990年8月24日	辽宁	1990年9月21日
青海	1990年11月3日	陕西	1990年12月28日	天津	1991年1月29日
山西	1991年5月12日	四川	1991年5月28日	吉林	1991年7月13日
新疆	1991年8月31日	宁夏	1992年2月28日	山东	1992年5月10日
河南	1992年8月25日	内蒙古	1992年10月30日	安徽	1992年12月29日
西藏	1993年12月26日	江苏	1994年6月25日	江西	1994年10月24日

各省、市、区依据《中华人民共和国村民委员会组织法（试行）》的授权制定实施办法的时间，可以被看作是当地真正实施《中华人民共和国村民委员会组织法（试行）》的具体时间。从表中可见还有几个省份到1994年底仍然没有制定实施办法，直到1998年《中华人民共和国村民委员会组织法》（以下简称《村民委员会组织法》）通过后，全国才在1999年全面实施《中华人民共和国村民委员会组织法》，从“中国第一个村委会”——广西河池地区宜山县（现为宜州市）三岔公社合寨大队（现属屏南乡）果作村1980年2月实行村民自治开始，至1999年，村民自治终于在中国宣告全面实现。

上面资料所显示的到1994年底仍然没有制定《中华人民共和国村民委员会组织法（试行）》实施办法的几个省份中，就有经济体制改革最早、最快、最超前，市场化程度较高，吸收西方文化观念和模仿西方行为方式最多的广东省。广东为什么没有带头或是随大流推行《中华人民共和国村民委员会组织法（试行）》呢？它的农村基层行政体制究竟又有什么特色呢？李江涛、郭正林、王金洪等人在《民主的根基》中把撤社建乡至村民自治期间广东的基层行政体制分为三个阶段：1984—1986年，推行了一段时间的小乡制；1986—1989年，改“小乡”为村委会，村委会下为村民小组或合作社；1989—1998年，实行农村管理区办事处体制，在管理区办事处下设村委会或合作社。

1. 小乡制

1984年全国开展的撤社建乡改革，广东省是在原来公社规模的基础上设立区（镇）政府，在生产大队的层次上则设立乡政府，在乡政府之下再设立村委会。这种村委会一般以自然村为单位设立。这些组织之间具有行政隶属关系：区（镇）领导乡，乡领导村。设立小乡制的理由，一是每个生产大队人口规模比较大。广东农村一个大队的人口一般都有3 000多人，是内地农村的2倍。特别是广东东南沿海一带农村，许多大队的人口可达到5 000人，个别大队甚至有1万多人口。二是行政管理的需要。对于撤社建乡的改革，地方干部担心出现失控局面。并且，当时农村基层组织出现的软弱涣散局面确实令人担忧。然而，在区（镇）下设乡，或者说在乡之上设区无疑多了一个政权组织层次，与全国其他地方在原来公社规模的基础上设立乡政府的政府设置原则冲突。

2. 村委会制

为同全国的乡（镇）政权设置保持一致，广东省在1986年决定对农村基层组织体制进行调整，将原来以公社为基础设立的区（镇）政府改成镇政府或乡政府，为国家基层政权组织。将以大队为基础设立的“乡政府”改为村委会，村委会下设村民小组及合作社。这时的广东基层组织建设与全国保持一致了。当时，由于《村民委员会组织法》尚未出台，村委会还不是由村民直选产生，而是由乡（镇）政府推选出来的。这时的村委会，尽管定性为村民群众自治组织，但自治性较弱，实际上是乡镇政府的一个下级执行机构。

3. 农村管理区办事处制

1989年，在分析了广东农村实际情况和经济发展需要的情况下，广东省委决定将村委会改为管理区办事处，同时将村民小组改为村委会。《中华人民共和国村民委员会组织法（试行）》出台之前，各地的意见均不一致，事实上该法是在存在极大争议的情况下出台的，许多地方政府、基层干部及农民群众对村委会这种群众自治组织的性质和作用缺乏认识，对村委会如何行使自治权心里也没底。1991年9月2日，广东省人民政府发布《广东省农村管理区办事处暂行条例规定》，确立了管理区办事处的合法地位。由此形成了颇具广东特色的农村管理区办事处体制，至2000年7月12日广东省人民政府43号文件才废止《广东省农村管理区办事处暂行条例规定》，但在1999年已经在全省按照“一法二办法”，即《村民委员会组织法》、《广东省实施〈中华人民共和国村民委员会组织法〉办法》和《广东省村民委员会选举办法》，全面实施“海选”完成了村民委员会的选举工作。

广东为什么要实行有别于全国一般农村的管理区办事处体制呢？究竟是什么原因使其作出有别于其他兄弟省份，也不同于西方理念的选择的呢？时任中国广东省委书记的林若曾谈到，推行农村管理区办事处有两点理由：一是广东农村的人口规模比较大，平均3 000多人一个村，有的聚族而居的大村甚至人口上万，相当于一个小乡的规模，而一个自然村人口也有七八百人。考虑到村大这一特点，为便于管理，有必要把村委会建制下沉到小村，即以过去的生产队为基础建立村民自治组织，实行村民自治，而在原生产大队这个层次（即大村）设立管理区办事处。二是考虑到便于广东农村招商引资，加快农村“三来一补”经济发展。管理区办事处是乡镇政府的派出机构，有乡镇政府的监管和制度保证，外商觉得靠得住，办事也比较方便。李江涛、郭正林、王金洪等人的研究认为“现在看来，这个理由不无道理，广东管理区办事处体制对推动广东农村工业化和城市化的进程发挥了显著的作用”①。

第二节　农村社区管理模式沿革的启示

国家基层社区组织制度的演化有两个重要的基本问题引发我们的思考。首

① 李江涛，郭正林，王金洪等．民主的根基．广州：广东人民出版社，2002．31

先，中国基层社区组织制度的演变依据是什么？或者说影响国家对基层社区组织制度进行设置和改革的主要因素是什么？赵秀玲在研究中国的乡里制度演变发展规律时认为，中国的乡里制度演变发展规律存在不清晰也不明确的问题。弄清了中国的基层社区组织制度的演变依据就可以理清中国乡里制度演变发展的规律。分析影响社会行为因素最重要的方法应属利益分析法，制度分析应当紧紧抓住制度所涉及各方利益的重新调整和利益变化，这是制度实施结果的本质原因。依此方法可以看出，中国的基层社区组织制度的演变依据是国家对基层组织功能定位的变化，而国家对基层组织功能定位一直是在两方面的利益考虑中摆动的。这两方面的利益即民间社会的发展需要和国家对民间社会的索取需要。国家对民间社会的发展需要和国家需要民间社会的贡献都很看重，认为民间社会的发展符合国家利益，民间社会的发展也是国家的目标，这种理解会促使国家尽量协调国家需要和民间社会发展需要，并制定有利于两者共同发展的基层社区组织制度。这种观念往往在每个王朝的建立初期占有优势，因为它是吸取刚刚灭亡的王朝不顾民间社会利益的教训得来的。于是基层组织和治理制度利益调整的结果，可能会让人感觉到在国家和民间两者之间的利益天平偏向民间社会，也就是走所谓的“王道”治理之路。“水能载舟也能覆舟”是国家与民间利益共生观念的形象比喻。不管是乡官制王朝还是职役制王朝，在王朝建立初期都有这种共同发展的开明统治的现象。某些时期国家会认为国家利益和民间社会的利益有冲突，难以统一，必须作出取舍。不言而喻，取舍的结果必然是强化国家对民间社会的管制和索取，乡里制度就是强化对民间社会的控制和徭役赋税的征集，也就是走“霸道”治理之路。因此，民间社会与国家之间的利益矛盾就会慢慢地累积起来，直至完全承受不了就会引起社会的冲突。中国的历史事实表明，通常这时的冲突不会马上引起王朝的更迭，而是引起一轮关注民生的制度改良，改良的结果就是王朝的中兴。由于此时主张改良的人在旧制度的统治集团里往往是没有太多的利益或是不占多数的先知先觉的理性人物，而改革的推进会被认为是损害国家利益和官僚的私人利益，因而中兴的时间往往并不长久而重新陷入危机循环之中，最终走向王朝的灭亡。这种强化国家对民间社会的管制和索取的情况在王朝的历史上是长时间存在的常态。可以说，国家基层组织制度的演变就是国家利益的实现方式，是选择与民间利益共同发展，还是选择只顾国家自身利益的结果。

以上分析是从国家视角进行的，而从民间社会的视角来看，基层社会要考虑两方面的利益因素，一是社区自身发展的利益，二是对国家的徭役税赋的缴纳。对民间社会而言，前者是正数，后者是负数。民间社会在面对国家利益是与民间共同发展，还是只顾国家自身利益的政策时会采取不同的态度，并导致不同的结果。在王朝初期与民生息的政策背景下，民众对国家会有信任感，生产积极性也高，社会生产恢复和发展比较快，短时间内就产生一种蒸蒸日上的发展氛围，能够较快实现国富民安的局面；而在横征暴敛时期，民众对国家统治者根本没有认同感，总是想方设法逃避国家任务，并且不断产生冲突，最终使王朝分崩离析，国家与民间的利益一同趋于毁灭。由此可见，民间完全是被动地适应着国家的政策变化，只能过着没有个性的生活，失去自我的感觉伴随着民间社会发展的全过程。

以保甲制为例，保甲制是存在时间较长而距当今较近的、对后代影响较大的农村基层社区组织治理制度。保甲制的管理职能主要为维护社会治安和催办钱粮赋税两个方面。维护社会治安不仅有维护国家统治秩序的需要，更重要的是体现了维护安定的基层社区生活环境的需要。而催办钱粮赋税，则完全是国家强加于社区组织的职能。显然这个制度只是考虑了国家利益如何实现，而辅助农桑之类的兼顾民间社会的内容通常会被忽视，就算在王朝建立初期兼顾民间的做法也只是轻徭薄赋，让民间喘口气，唯此而已。如果从自治精神方面来看待保甲制，更可以发现保甲制度与自治精神是完全背离的。首先，保甲制使农民的社会角色混淆，从而影响农业生产。“忙时务农，闲时习武”、“兵民合一”的制度加重了农民负担，规定基本上每户专职务农男丁只保留一人，更是减少了从事农业生产的人数，以“民”代“兵”，顾此失彼，生产受影响就如人体造血功能受损，其他事情自然无法好起来，毛病也就越来越多。其次，保甲制强化了国家对基层社会的渗透和控制，特别是“连坐”使基层社会人人自危，没有安定感。再次，保甲制淡化了基层社会的自治色彩，使基层社会完全成为统治者的工具，农民成了为官僚阶层等高等级人群的舒适生活而存在的“环境”，与有用的动植物对人类的作用无异。

另外一个需要引起研究者特别重视的问题是基层社区组织治理制度中乡官制与职役制的变化依据是什么？是自治精神的影响吗？如果是，那么是乡官制的自治精神多一些还是职役制的自治精神多一些呢？或者说基层社会在两种体制中所得到的利益是乡官制时期多一些还是职役时期多一些？这里所说的自治精神是指基层民众的意见被重视和采纳，或对基层社区事务发表意见、发挥影响作用。按普通的逻辑推理来演绎，乡官制是国家委派官员进行治理的，基层社会受国家的干预自然会多一些，自治色彩肯定要淡一点，而历史事实却恰好相反。特别是乡官制最成熟的汉朝时期，基层社会的自治色彩可能是最浓的。职役制收缩官员向下延伸的深度，只注重国家任务的实现，因而给了基层社会更多的空间，基层社会可以也需要自治，但历史事实却是职役制时期基层社会治理经常出现“痞化”现象，地痞流氓、土豪劣绅担任“村官”不断破坏乡村社会的宁静。既然是否重视基层社会自治权利的因素没有影响国家对乡官制与职役制的选择，那就不涉及社会治理的政治理念问题，亦即不是社会治理的价值取向问题，而是制度实施成本和效果之类的技术问题。从有利于民间社会的发展和和睦来看，乡官制时期的自治精神和实际治理效果要好一些。它是否可以得出基层社会良性的治理，实际上还是需要国家的良性参与，而不是任其自由发展的结论呢？如果可以，则只有一个解释，那就是在人数不多的基层社区，基层社会缺乏能够实现善治的自治人才。只有这样，才能解释乡官制比职役制更多地体现基层社会自治精神的情形。

通过利益分析，我们还可以清楚地看到，国家利益和民间利益作为互动的双方有各自具体的代表性利益群体，其中起影响作用的主要有官僚阶层、基层管理者群体、农民群体三方。官僚阶层也包括被他们所依附的无法分开的封建君主；基层管理者不仅包括体制内的乡村、保甲等组织的负责人，也包括在基层政治体制外起重要作用的乡绅集团，他们都是国家和民间各种关系沟通的桥梁，也是基层社会的共同管理者，而且乡绅通常比体制内的管理者对官府和民间社会更有影响力。基层管理者群体有时以维护国家利益、帮助剥削农民为主，有时以维护地方利益、躲避国家任务为主，到底选择哪一种，是根据他们自身的利益来权衡的。通常，他们起推波助澜的叠加作用，即政策好时他们起好的作用使之更好，政策不好时他们助长其劣处使之更糟。国家与民间两种利益，官僚阶层、基层管理者群体和农民群众三个具体利益代表构成了“两方三群”的社会力量互动格局。历史上许多时期，国家与民间两方利益被当成“零和博弈”格局，在这个格局中，国家力量起绝对的决定作用。这个格局直到今天依然是农村基层社区治理制度运作的主体格局，也是考察和评价国家农村政策的利益和力量框架，它应当成为国家制定农村政策的利益平衡的依据。只有从利益分析的角度出发才能抓住社会制度的本质，才能构建一个共生共长的良性社会制度。所以当前的村民自治，也必须放在“两方三群”的力量互动格局中来研究，重点是突破国家与民间两方利益被当成“零和博弈”的传统格局，建立共同发展的新格局。这就是回顾中国基层社会组织制度史的启示。

第二章

村民自治理论分析的新视角

第一节　村民自治研究的现状

如果以1988年《中华人民共和国村民委员会组织法（试行）》的通过为起点，我国村民自治已走过20年历程。民主化是目前全球各国政治发展的潮流，在专制体制存续时间最长的中国推行农村的直接民主，国内外学者和各界人士都对此表现出空前的热情。研究者总有一种美好愿望，希望农村的民主化实践能够为中国的政治民主化作出贡献。所以对在中国农村大地上进行的以村民自治为内容的民主化改革的研究比较多，有的侧重理论研究，有的侧重实证研究，研究方法各式各样，研究成果也多种多样。在研究目的上，有研究者认为有政策研究和学理研究的区分。在研究方法的选择上，总体上呈现出宏观研究与个案研究的分野。与其他研究不同的是，对村民自治的研究没有局限于专业人员，也许是公开的研究成果与参与村民自治的实际工作人员的直接观察和感受不同，一些政府机构以及具体从事农村工作的政府官员也积极加入这个行列，使村民自治的研究更加令人眼花缭乱，也更加丰富多彩。

从国内外对村民自治研究的主要观点来看，既有共识也有分歧。

一、共识

研究者普遍认为，民主是目的，也是手段，这是共识。也就是说，在价值层面上民主是目的，在解决现实问题上民主是手段。在这个前提下，有的人侧重于民主的价值目的，如吴绍田认为“作为民主，它首先是一种目的，而当这种目的没有完全实现时，它才表现为手段”，反对“把民主作为一种社会控制机制使用，而忽视了它的目的性”①。有的人则更偏重于民主作为手段的作用，特别是民主对维护社会稳定的作用，重申“民主选举过程的本质在于：通过竞选活动向选民传播不易得到的信息，使政治领袖获得资格认证；而选举的结果可以告诉少数派自己的力量状况，使社会得以稳定”②。我们也发现同一个人在对待不同的问题时，表现出有时侧重于民主的价值目的，有时偏重于民主的手段作用的情形，态度不是很稳定。这可能是侧重于民主的价值目的的研究者在受到来自基层具体问题的挑战时的一种妥协，也可能是偏重于民主的手段作用的研究者需要摆脱民主主义者责备的缘故。但无论怎样的情形，作为研究者和政界高层，多数人都主张积极推进农村民主化。《中共中央关于农业和农村工作若干重大问题的决定》强调“为了更好地调动广大农民的积极性，促进农村各项改革和建设事业的全面发展，必须进一步扩大农村基层民主”。虽然也有人担心民主作为目的和手段都是有限的，甚至认为“民主并不是村民自治制度的终极目标，民主也不可能解决中国农村的所有问题”③。这些观点主要来自政界基层的干部和比较经常深入接触农村基层的研究者群体，这种观点见之媒体较少，因而无法成为主流的观点。但随着村民自治实践结果的案例研究不断增多，以及对当今西方民主理论新思潮研究的深入，原来高高在上的西方民主政治终于从圣坛走向世俗，随着人

---

① 吴绍田．解读村民自治．北京：中国发展出版社，2001．130

② 党国英．论乡村民主政治的发展．载中国社会科学院农村发展研究所．中国农村发展研究报告．北京：社会科学文献出版社，2000．335

③ 李江涛，郭正林，王金洪等．民主的根基．广州：广东人民出版社，2002．257

们对民主政治不再感到神秘，这种观点已经逐渐成为普遍的认识。

二、分歧

分歧基本集中在中国农村村民自治实施直接选举条件是否成熟，以及实施村民自治后的效果评价上。中国农村现在的条件是否已发育成熟？陶东明、陈明明在研究西方国家的民主政治史时认为“民主政治在民主政体中只能表现为人民参与政治”，而“政治参与”“它必须满足三个条件：第一，公民的自主性。……第二，政治系统的开放性。……第三，社会的组织性”。“西方社会的特殊性正好在社会、经济和文化等方面为政治参与这三个条件准备了适宜的生态环境……”“总而言之，西方自由民主制度只有在市民社会与国家分离的条件下才可能存在，也只有在市民社会的发展足够强大的条件下才可能发育成熟。”① 党国英认为“民主政治是传统乡村社会开始解体后产生的需要，但传统乡村社会只是整个传统社会的一部分，而在整个处于转变时期的社会中，乡村社会的转变最慢，所以，乡村社会以外的市民社会或工业社会应该更早地、更强烈地产生出民主政治的要求，也就是说，乡村社会的民主政治应在工业社会之后发生”②。“乡村民主政治一开始就是全社会民主政治的有机组成部分，而不可能独立存在于乡村社区内部”，“乡村民主政治只会随着全社会民主政治的逐渐发展才能走向成熟”③。也即乡村民主政治无法独立存在，更不可能成为全社会民主政治的先行者和探路者，反而乡村民主应是在带动下学习的结果。换一种说法，就是民主实践应该是整体推进，城市先于农村。学者沈延生认为，村民自治直接损害了政治制度化和国家一体化，破坏了国家现代化发展的整体布局。在农村实行的直接选举确实暴露了许多问题，有些人发现农村直接选举所出现的问题与多种因素有

---

① 陶东明，陈明明．当代中国政治参与．杭州：浙江人民出版社，1998．30

② 党国英．论乡村民主政治的发展．载中国社会科学院农村发展研究所．中国农村发展研究报告．北京：社会科学文献出版社，2000．335

③ 党国英．村民自治是乡村民主政治的起点吗．战略与管理，1999（1）

关，这些因素包括农村的经济发展水平低、村民缺乏民主的习惯、村民的整体素质不高、封建的文化观念和宗族势力的干扰，等等。他们因此认为这种民主化改革的条件并不成熟。有研究者还看到农民缺乏政治参与的热情和要求，需要党和政府的引导和发动。“农民政治参与的动力。可以这样说，农民一定的政治参与形态都是在一定的政治参与动机驱使下实现的，而真正能够使农民实现向较高政治参与的质和量转变的是党和政府。”① 尽管如此，持这个观点的吴绍田仍主张“没有民主的实践，就不会有农民群众民主素质的提高”。“我们反对以条件不成熟为由的任何非自治主张，我们同样反对村民自治任何理想化的要求。”这段话虽然是支持推行村民自治的，但也反映出作者的言外之意是承认农村民主化的条件是不成熟的，只是认为必须通过“实践”的教育培训达到“提高农民群众民主素质”的民主化条件的成熟。

条件成熟论者认为中国的经济体制改革从农村开始，按照马克思主义的经典理论，经济基础的变革必然引起上层建筑的变革。因此，以村民自治为内容的民主化改革从农村开始顺理成章，这是主流观点。“村民自治是改革由经济领域向政治领域延伸的结果，是整个国家政治体制改革的重要组成部分。”② 这种观点认为，民主改革应该是一个渐进的过程，并且直接选举应该从基层开始，然后逐步向高层次推进。目前在农村进行的民主化改革就是遵循这样的指导思想实施的。蔡定剑在《中国人素质太低，搞不了选举质疑?》一文中强调“调查研究宣告，所谓的‘经济文化落后，老百姓素质太低’，不适应发展民主选举的理论是站不住脚的。中国老百姓有极大的选举热情和民主参与的积极性，有能力搞好民主选举，而且渴望选举民主化改革……”③ 有人则从经典理论中找到支持农村实施直接民主的依据，认为农村实行为扩大村民民主权利，更多地采用直接民主方式的村民自治也符合韦伯对实施直接民主的四个条件，即有明确的区域、社会成

---

① 吴绍田．解读村民自治．北京：中国发展出版社，2001. 132

② 张军．关于村民自治的思考．载中国社会科学院农村发展研究所．中国农村发展研究报告．北京：社会科学文献出版社，2000. 308

③ 蔡定剑．中国人素质太低，搞不了选举质疑？．载蔡定剑．中国选举状况的报告．北京：法律出版社，2002. 260

员数量有限且异质性小、行政功能稳定简单，以及有共同的要求和行为规范。与其他研究人员一样，他们也承认在这场民主化过程中确实出现了许多与政策设计初衷不一致甚至是走了样的消极现象，但认为这些现象是由于没有按照法律法规严格操作而出现的问题，只要完善操作环节就不会出现这些负面问题。针对农村稳定问题，王仲田认为必须通过村民自治，从解决干群关系、党群关系、党支部和村民委员会关系的矛盾入手，将村民委员会的体制性权力“嵌入”变为“内化”，从而化解矛盾。条件成熟论者对村民自治的评价都很高，如项继权认为“10多年村民自治及村级民主选举的实践成绩斐然，值得充分的肯定。……第一，村民自治及村级民主选举的法律制度日趋完善。……第二，村民自治及村级民主选举的实践范围不断扩大。……第三，村级民主选举日益规范，民主程度明显增强。……第四，村民自治及村级民主选举推动了农村基层党组织转变领导方式和方法。……第五，村民自治及村级民主选举的实践推动了乡（镇）村关系从直接的行政领导关系向协商指导关系的转变。……第六，村级民主选举对基层政权及国家民主的发展产生了积极的促进作用。……村级民主选举过程是民主实践的过程，也是对农民及基层干部的民主教育、学习和训练的过程，对增强农民及乡村干部的民主意识、法制观念及民主能力发挥了重要作用”①。这些成绩都是在政治领域取得的，而没有提到在经济和社会生活等领域是否也“成绩斐然”。

以上对村民自治的研究都是在传统的政治学、社会学范围内展开，有些研究还涉及人类学、法学、历史学，但较少涉及政治心理学的范畴，更没有充分注意到作为研究对象最重要的农村社区。徐勇等人在《也谈学术规范：以村治研究的共识与策略为例》一文中对村民自治的研究提出了重新规范的呼吁。学者仝志辉在总结村民自治的各种研究后也认为，无论在政策制定或是在研究中，“都有意无意忽视了接受村民自治的乡村社会”，必须研究“在乡村社会中，乡村干部、农民以及农民中的不同群体对村民自治持何种态度，采取什么样的行动逻辑；农民参与选举等村民自治活动的具体心态和行为；村民自治的开展对乡村社会原有

① 项继权．中国村民自治的实践基础和成效．载刘亚伟．无声的革命——村民直选的历史、现实和未来．西安：西北大学出版社，2002

秩序产生的影响，等等”。

分歧不仅来自从事理论研究的学术界，在推行村民自治法律法规的领域也是明显的。只是为了保持法律、法规和政策理解和执行的一致性，保持权力机关对外形象的统一性，政界内部、各部门之间才没有把分歧公开表现出来。在推行村民自治的实际工作中，各个地区、各个层级政界间的分歧或多或少都会有些表露。这种微妙的分歧在广东省表现得虽然较隐晦，但从1999年的《南方日报》和《支部生活》的报道中仍然可以看出来。《南方日报》刊登的村民自治知识性宣传和问答等指导村民自治活动的资料应当属于职能部门的权威意见，而《支部生活》对村民自治实施情况的客观报道来自对基层现实的田野调查。报纸和杂志分别代表着高度关注村民自治实践活动的不同机构的观点。一种意见偏向于最广泛地宣传、发动农民，让农民充分自主地、不受任何政治组织影响地参与到村民自治实践之中，认为只要宣传发动农民参与村民自治，所有问题农民都能自己解决；另一种意见认为缺乏政治组织引导的村民自治无法达到有序和理性的目标。实践中，特别是在村民选举村委会成员这个环节失序的村庄，有些是放手不干预的结果，有些是干预过头的结果。这两种情形其实都是可以预见的结果，它与干预或不干预没有本质联系，而与当时农民对村民自治的理解有关。通过广泛的宣传，农民普遍认为村民自治可以带来好的经济发展和好的社会生活环境，能够让农民过上更好的日子。他们正是抱着这种目的自主而且积极地参与村委会选举的，而不是注重村民自治的政治参与过程。一句话，农民注重效果而不是过程。多数农民不会花过多的时间去研究什么“主义”之类的名堂，而是关心什么政策能解决发生在自己身边的现实“问题”。农民有时表现出来的富有创造性的一面，正是因为他们注重效果，没有手段的“门派”制约，才会有解决问题的灵活性和创造性，因而农民也不会去玩他们认为没有实效的政治游戏。说到底，主张积极引导和不主张积极引导村民的民主选举，目的都是想更有效地选出农村社区治理的优秀人才。而如果农村缺乏治理人才，就会使任何在理论上和经验上有效的措施在应用时或移植时失效。分歧的争论没有刺耳的声音，也没有刺目的硝烟，却是异常激烈，说理看起来都成立，事实依据也都很充分，虽然谁也说服不了谁，但对于分歧的激烈争论会使研究更加深入，离问题的实质也就更加接近。

由于对村民自治存在着不同理解、不同期望和不同评价，使得对农村社区治理问题的本质探索从一开始就存在分歧，因而有必要对农村社区治理问题和民主化改革进行更深入和更客观的研究，以求在村民自治的制度框架下解决农村社区治理问题。

中国以村民自治为主要内容的农村民主化实践的研究成果确实很丰富，让人眼花缭乱，难以全面把握其本质，且不同的视角和切入点会产生不同的研究成果。有鉴于此，我们的探索还是应从村民自治的本源开始。既然村民自治的本质内容是民主自治，对村民自治的研究探索就从对民主的冷静理解开始。

第二节　村民自治研究的新视角

一部法律，目的是对该法律所调整的行为进行规范以确保秩序，被法律所规范的行为人对该法律是否充分理解就成了法律成败的关键。指导社会实践有不同于理论研究的地方，过于烦琐的分析易使之走入迷宫，简单的理解才易于把握，也才能在大范围内得到内化的认同，由此建立的规则才能标准化地推行。为村民政治参与而设计的《村民委员会组织法》及各种实施办法更是如此。鉴于农村是我国现阶段文化教育水平相对较低的地区，对民主进行简单化的理解以便于实践，进而实现理想的村民自治显得极为必要。

民主一词看似普通，大家都知道其含义，其实各人的理解都不同，不仅对其含义的理解有差异，对其作用的理解也有差异，因此会有理解方面的误差。有时两个观点看似不同，其实真正的见解是一致的；有时两个观点看似一致，其实内在的含义是不同的。我们要研究的是，在一个具有稳定的利害关系的社会成员所构成的特定社会里，规模大可至于一个国家，甚至国家联盟，如欧洲共同体；规模小可及于自然村庄、城市社区。什么条件下可以产生或可以实行民主制度呢？这是关于民主能否在现阶段的中国农村成功施行要涉及的问题，因而需要界定民主的含义。在此界定民主含义的目的是为了推进和改进社会治理，所以对民主的含义不必去做前人已经做得很多也很细致的理论分析工作，我们会舍弃对民主的学院化理解，从可操作的角度来选择合乎当前实践需要的一个定义或一种理解。

一、民主含义的简化理解

源于希腊语的民主有“人民”和“治理”的含义，于是人们通常把民主理解为社会（由民众构成的）治理制度，即民治。亚里士多德在《政治学》一书中，把城邦的政体（政治体制）根据参加拟定决议的市民人数、有无法律制约和统治阶级的“气质”三个标准分成六类。他以此为标准，区分出正确的政体是王体、贵族制、政制（根据法律的民主制）；错误的或背离前者的形态是僭主制、寡头制（富人政治）、缺少法律限制的多数人统治的民主制（穷人统治）。同时认为“容许所有公民共享的制度是民主的”制度。他没有把有法律限制的容许所有公民共享的制度叫做“民主制”，而叫做“政制”。反而，他认为在这种容许所有公民共享的民主的制度里，有一种“缺少法律限制的多数人统治的民主制（穷人政治）”。所以民主制度在那时只是一种社会治理制度，并且不是被认为合理成分较多的制度，即使从学者的角度和当时评价社会治理制度的带理想倾向的标准来看，其缺陷也不少，甚至民主制在当时条件下是偏离理性的制度。从亚里士多德分析六类政治体制类型时，已经对“容许所有公民共享的”制度的理想状态的理解加进了“有法律限制的”前提，开始对民主制度注入新的内涵。在这里，还需强调不能把“民主制度的理想状态”理解为“社会治理制度的理想状态”，进而理解为社会治理制度的理想状态等同于理想状态的民主制度。西方的智者也没有这层意思。可以说，“社会治理制度的理想状态”包含“理想状态的民主制度”，但“理想状态的民主制度”并不是“社会治理制度的理想状态”的唯一形式。

选择一个适当的词汇概括一种事物，然后从词义出发，不断为其加入新内涵，这是概念发展的一般现象。选择民主这个词来概括多数人参与决策的社会治理制度，不断为民主制度加进新内容，这是民主制度实践对民主概念发展的影响的正常现象。加入如“有法律限制的”等与民主制度的实施所必须的内容，人们可以接受。接受的理由就是因为“缺少法律限制的多数人统治的民主制”会消灭民主制自身，而不是其他理由。但为民主制加入一些人类社会美好的价值追求，使之成为人类社会的理想治理模式，这将脱离民主的本来意义。如王思睿在《“特色民主”还是“民主特色”》一文中指出，广义的民主至少包括以下三组九个概念：①共和、宪政、法治；②自由、民主、平等；③ 博爱、善治、自治。这种理解几乎将现代社会中所有理想的、正面的价值统统纳入民主的范畴。对此，赵鼎新在2007年第18期的《领导者》中撰文“民主的生命力、局限与中国的出路”，评价其“有着很大的乌托邦倾向”，包含这“三组九个概念”的某些制度设计，就是为了避免现实社会中竞争性民主可能带来的许多负面后果，从而反过来限制民主的政治设计，它们的存在本身不应纳入民主的范畴。[①]

在西方学者有关民主的众多定义中，亚里士多德的“有法律限制的”“容许所有公民共享”的“正确政体”，即“政制”可以理解为现在民主政体的含义。熊彼特对现代民主政治体制的理解有独特的视角，他认为民主政体的核心是竞争性选举，民主就是一个由民众在定期的竞争性选举中选择国家执政者的政治体制。科恩对民主下的定义是：“民主是一种社会管理体制，在该体制中社会成员大体上能直接或间接地参与或可以参与影响全体成员的决策。”[②] 这个定义突出了民主决策。按决策理论的理解，民主决策隐含了民主选举、民主管理、民主监督的内容。但科恩所强调的“民主以社会为前提”和“民主以理性为前提”两个民主前提，以及民主必须具备的“物质条件”、“法制条件”、“智力条件”、“心理条件”和“保护性条件”五个民主条件，并没有在这个定义中体现出来，而只是在定义中通过“能”字表达了法制保障和自身参与能力等外部和内部两方面的保障因素。熊彼特主张民主政治是精英政治的理论和民主政治应当是竞争性的观点在现实中比较有影响力，虽然和其他的民主定义一样，多少都有细微的

① 赵鼎新．民主的生命力、局限与中国的出路．领导者，2007（18）

② ［美］科恩．论民主．聂崇信，朱秀贤译．北京：商务印书馆，2004．10

缺陷。缺陷主要是他们似乎都是以中世纪的专制政体作为参照体制进行的研究，而到了当前的世界政治体制，特征明显的传统专制体制已经不存在，一些专制政体或非民主的政体都披上了民主的外衣，他们同样具有民主的形式。用他们的定义看不出现在存在于现实世界的国家在民主形式上有什么不同。如伊拉克前总统萨达姆就是经过全民普选的程序选举出来的，而且在那些专制政体或非民主政体的社会里，社会成员大体上都有权也能直接或间接地参与或可以参与影响全体成员的决策，包括在定期的竞争性选举中选择国家执政者，只是他们的参与不能自主地表达自己的真实意见而已。现代的非民主政体都具有民主的形式，他们的专制统治都是通过法治外衣和暗箱的操作使社会成员按民主的形式确认统治者的意志来完成的，哪怕是竞争性选举也都能通过差额方式实现，只是难度大一些，或是容易暴露出民主外衣下威权统治的本来面目而已。所以，区分是否属于民主政体，应当加上“自主”二字，即社会成员能否自主地参与影响全体成员的决策。因此，可以在科恩的民主定义中加上“自主地”一词，成为“在该体制中社会成员大体上能自主地直接或间接地参与或可以参与影响全体成员的决策”。也许这样的定义对现实更有针对性。

中国人对民主含义的系统化理解是西学引进之后，之前对民主的理解与亚里士多德相似且更简单。从词义上看，“民主”与“君（或官）主”相对应，就是社会治理的“主意”和“主宰”是由“民”还是由“君（官）”产生的分别。孟子“民为重，君为轻”的思想就是“以民为本”的民本意识的表现，但没有发展成为民主理论并形成系统化的阐述，因而中国人对“民主”的理解多以西方民主理论的理解为主。但中国人选择“民主”这个词与“democracy”相对应，只是说“democracy”这个词的意思与中国人对“民主”词义的理解较贴切，这也意味着中国人对民主的理解不必对西方学人亦步亦趋，完全可以从中国人自身对民主的词义出发去理解其含义。如果一段时间之后西方民主含义与中国人的理解确有本质不同，则可以再寻找合适的词去对应“democracy”。所以，从民主的社会实践角度来看，不用过分强调理解西方民主含义的精确，特别是作为一项需要最广大的农民参与的村民自治实践，更需要浅显的表达才能被农民所充分理解。

因此，民主的理解必须避免西化和学院化，而应当中国化和大众化。

我们选择这样的民主含义，即民主是社会成员大体上能自主地参与影响全体成员的决策的社会治理制度。通俗地说，民主就是“大家的事大家说了算”的制度，村民对《村民委员会组织法》的理解如此即可。在实践中，为免误导，可加个限制条件，就是“在法律法规允许范围内，村里的事大家说了算”或者“只要法律法规没禁止，大家的事大家说了算”。

二、农村民主实施的前提和条件的理解

所有对民主的系统化的理论研究成果，都含有总结过去民主实践和理论分析的成分，也含有设计民主制度的成分，所以似乎民主制度是一种经过思想家们设计的社会治理制度。但我们从民主的词义理解开始，发现“大家的事大家说了算”的现象其实很早就很普遍地存在于人类社会的各种地方和各个时期中。著名民主斗士、南非前总统曼德拉曾说过他最早的民主概念并非来自西方，而是来自小时候看见酋长和村民连续几天在树下讨论部族事务。所以说民主方式不仅早就产生了，而且在没有受到外界引导的地方仍然可以看见它的存在。人类社会生活中自发的原始民主行为更加坚信民主就是一种问题解决方式。民主方式解决问题上升为民主制度，只不过是民主方式应用在社会管理体制领域而已。有共同的问题，同时有认同的问题解决（一般是问题解决的程序选择或者是问题解决方案的结果选择）规则，就有出现民主方式的可能，也就具备了产生或实行民主的条件。从这个角度看，不仅在当前的农村，在几乎任何时期任何地方都可能具备以上的条件，但这是不够的。

如前所述，科恩将民主定义为一种社会管理体制，在该体制中社会成员大体上能直接或间接地参与或可以参与影响全体成员的决策，并认为民主需要具备由“某种共同的利害关系”所构成的社会和“能为共同治理制定原则并能将此原则运用到行动中去”的理性这两个前提，以及需要“物质条件”、“法制条件”、“智力条件”、“心理条件”和“保护性条件”五个条件。我们先撇开科恩理论体

系中“前提”和“条件”概念与我们通常所理解的意思差异，因为细读他的理论就可以发现，其实他的“前提”就是民主实行的条件，而他所说的民主的“五个条件”则是成功的民主所需要的“条件”。如果我们按照科恩的理论体系来理解当前的农村民主化实践，显然前一个前提即“某种共同的利害关系”的“社会”是存在的，而后一个前提即“能为共同治理制定原则并能将此原则运用到行动中去”的“理性”是否存在，就需要我们再思考了。当前中国的村民自治实践中，村民能制定共同治理的原则，并把这些原则运用到行动中去吗？支持的人同样可以列出很多的数字和具体例子来说明当前的村民确实具备了这种理性；反对的人同样可以列出很多的数字和具体例子来说明当前的村民确实不具备这种理性。这种争论其实并无意义，就如同争论水究竟是固态、液态或气态的道理一样。引起我们兴趣的是，为什么有的地方某个时期农民能表现出很好的理性，而有的地方某个时期却不能。这个问题涉及实施村民自治的条件。由于村民自治制度是国家输入农村的而不是农村自发生成的制度，因而农民表现出来的时有时无的理性使村民自治的效果时好时坏。实际上，这种理性的时有时无情形与村民自治的制度是“输入性”的制度而不是“内生性”的制度有关。

一般而言，如果一种制度是“内生”的，则说明这种制度有其存在的内在合理性，且制度的内生都需要一个孕育的过程。在这个孕育的过程中，所有的社会成员都自觉或不自觉地参与到制度的形成过程中去，因而相对来说，该制度是集合了社会成员的意见调和而成的，自然能得到多数人的理解和认同。否则，这个制度就内生不了。如同农村中“家庭经营”的产生一样，是来自农民自己的制度安排。安徽省小岗村的农民在酝酿这个制度时，不仅是秘密进行的，而且是签了“生死状”的。那个时代突破体制限制的行动，是要冒着生命危险进行的，但小岗村的农民情愿以生命为代价来实施他们自己创造的制度，这就是内生制度的力量和生命力。这种内生制度的力量确实巨大，一经中央的认可，居然迅猛地在全中国铺开并扎下根来，使“家庭联产承包责任制”成为20世纪中国最伟大的事件之一，也是世界最伟大的事件之一。我们还能看到，这么多年以来，农村那么复杂的土地分配和调整问题，居然不需要政府的指导，农民自己就搞得井井有条，使大家基本满意，而少有不满意土地承包分配不公的事件发生。土地肥瘦、地块远近、水利和道路等耕作条件好坏、人口出生死亡和迁出迁入、各种临时性调整等一系列问题都难不住农民，这一切只能归因于家庭经营制度是“内生”的制度要求，事实证明农民对此完全有能力“理性”处理。

而“输入性”制度与“内生性”制度不同，它就像是植物的嫁接，需要有个“嵌入”、“同化”的过程。“嵌入”力度不够，则制度实施不了。如钉子不用铁锤而用手是“嵌”不进去的，最多就是沾在墙皮上。强力“嵌入”之后，随之会发生“异化”或“同化”的过程。究竟是发生“异化”还是“同化”过程，则主要取决于制度的内在合理性和外部的压力。如果制度缺乏内在的合理性，且外部压力不够强大时，就会出现排异现象，新制度很快归于失败；如果制度缺乏内在的合理性，且外部压力足够强大时，排异的力量就会被压制住，但成为“演员”的农民会被动地随着基层干部这个“导演”转起来，“导演”一停，“演员”也就停下。或者干脆就是“导演”与“演员”合一，自导自演，自己当观众自己欣赏，最终也将归于失败，只是失败的时间被拖长了而已。缺乏内在的合理性的制度确实能够存在下去的，就只能是制度的妥协从而使制度自身“异化”。“异化”实际上就是一种合理性适应，只是因为是被动的调整，而且调整的结果往往与原来设定的制度目的相去甚远，就算有合乎目的的情形也属硕果仅存的个别现象，最后还是无法成为普遍适用的统一的制度规范。所以，“输入性”制度特别需要具备“内生性”制度的内在合理性才能生存。村民自治制度作为一种“输入性”制度，只有在制度具有内在合理性时，才能为村民所接受，才会产生制度对村民的“同化”作用，使村民按照政府帮助设计的规则“运用到行动中去”，而不是成为玩偶或旁观者，也才能避免村民自治制度无疾而终。科恩对发达国家向外输入民主体制的批评是对“输入性”制度的清醒剂。他看到发达国家的人们因为生活在富裕中，忘记了他们的国情与经济落后国家的差别，总是一相情愿地强迫他国按自己的制度和价值观去改造政体，而这种做法注定要失败。“尤其是美国人，他们总是认为只要勤奋并采用不限制任何人的政治制度，就可获得经济福利，忽视了采用这种政治制度要有成效必须是具有某种繁荣的社会，而这种繁荣是世界上许多地方尚未享有的。然后，当不发达地区的民主受挫或失败时，我们却感到惶惑与沮丧。”①

内生性的制度有生命力，但孕育时间长；输入性的制度快，但不易被同化。那么究竟是培育村民的内在要求，启发村民触发“内生”的村民自治制度要求，还是调整某些规则以适应村民的内在要求，使村民自治制度能够“嵌入”“同化”呢？由此产生了另一个问题，那就是村民对现有的村民自治的意义和规则的认同率有多高？或者换个角度说，村民目前最关注、最想解决的问题是什么？《村民委员会组织法》想解决的问题与村民最想解决的问题吻合吗？其实，这才是在农村实施民主制度有指导意义的前提和条件。如果村民最急迫的要求是民主自治，那么我们已经实行了20年的村民直选应该是最大范围的民主自治，但是为什么没有得到预想的农民自主积极参与的理想结果呢？如同一些学者已经意识到的那样，像村民自治的“主角”（村民）和“导演”（基层干部）在想什么，一直都不被重视。走了那么多的弯路，确实需要回到深入了解农民和基层干部对村民自治的看法的基点上来。这是我们对目前推进农村民主化建设，推进村民自治最基本情况的把握，也是对在农村中实施民主自治的前提和条件的另一种表达。

究竟在农村实施民主化的条件是什么？我们可以换个角度从民主的物质条件来理解。

只要存在共同的社会就会有共同的问题，对共同问题的解决就会有民主形式产生的可能。因此，民主产生的条件（或前提）在大的方面只有三个：共同的社会、认同的规则（民主规则）、实施民主的物质条件。显然，在一个已经实施民主制度的地区，必然有“共同的社会”和法定的规则，法定的规则具备合理性时也可理解为“认同的规则（民主规则）”。那么，实施民主的物质条件就显得特别重要了。

在一个共同的社会里，社会成员必然既有共同的利益也有利益的冲突。只有当社会成员的这种利益和冲突表现为单个的社会成员而不是规模不同的集体时，

---

①［美］科恩．论民主．聂崇信，朱秀贤译．北京：商务印书馆，2004．112

才会产生我们今天所说的民主政治参与的主体——单个的个人，即社会成员的"原子化过程"①。这个与其他社会成员既有共同的利益也有利益冲突的单个的个人，在经济上是能够自立的。因为经济不能自立的社会成员无法表现为单个的个人，而只能表现为依附的个人或某个集体（如20世纪中国人所熟悉的单位等）中的个人。也只有每个社会成员的经济自立（经济自立有高水平和低水平的区别），才可能产生有意义的冲突。这个有意义的冲突就是它可能导致产生以民主方式解决冲突的需要。经济自立的社会成员对共同利害关系的认同使社会成员之间的不公平、不平等都在可以忍受之中时，这个既有绝对量（经济自立）的要求又有平等程度（可以忍受）的要求的物质水平，就成了民主产生和赖以保持的物质条件的依据。可以忍受的平等程度不在于高水平和低水平的物质条件，关键在于对物质分配方式的认同，在认同物质分配方式的基础上，就算贫富分化严重些也不会影响民主的实现。但缺少这种认同时，就算绝对的平均主义所创造的社会成员的平等（如20世纪的社会主义国家苏联、中国等的分配方式）也不能产生真正的民主，而只能产生形式主义的无意义民主。民主的物质条件其实仅仅表现在社会成员逐步完成原子化所必须的，在经济上能够自立的经济条件。只有在这种条件下实施的民主才有质量也才有意义。

三、民主发展的阶段性特征的新视角

民主制度是不断发展的，实施民主所需的条件的满足程度就形成了民主发展的阶段性特征，进而形成民主发展的阶段论。通过对民主发展阶段性特征的认识，可以清晰地看到世界民主发展的现状和趋势，也可以清晰地看到我们国家农村民主

---

① "原子化过程"可以参考日本学者田口富久治等对共同体社会和市民社会的论述。他们认为共同体是人们通过某种程度的共同的生产手段、共同生产（或劳动）和共同的社会生活而结成的集团，它最基本的经济形式是维持生存（自给）的经济，它的成员被看作是构成共同体整体的人格上互相依赖的有机部分；而市民社会是通过基于社会分工和私人所有的商品交换（以及作为商品的一般形态的货币）而结成的集团，它的成员作为生产手段的个人所有者和商品的生产与交换的主体，被视为自由、独立的个人（市民）。共同体社会的解体创造了市民社会。见［日］田口富久治等．现代世界的政治体制．参考消息，1987（2）：136

发展的现状，以及民主发展阶段性的差距，从而对我国农村的民主发展有较为客观的理解和评价，描绘出农村民主发展的路线图，找到加快农村民主发展的阶段性办法。从历史唯物主义的观点出发，我们可以发现民主阶段性发展的另一些特征，并形成不同于以往的学者对民主发展阶段的分类法。

如果我们把有质量的民主当作真正意义上的民主时，就可以说真正的民主受到物质条件的限制。这个条件不是传统马克思主义者的经济决定论（生产资料和财富的公有制，还有生产者地位的平等），也不是科恩所说的享有最低的福利水平，而是绝大多数社会成员的经济独立，即社会成员自立生存所需的经济水平。这是笔者所理解的民主发展阶段论的起点形式，即个人经济独立时期的民主。以人的政治参与的独立性为依据来区分民主的发展阶段，可以发现民主发展的第二阶段是人格独立时期的民主；第三阶段是判断力独立时期的民主。所以，民主是一个发展的过程，这个过程通过民主的深度和广度表现出来。把民主看作一个发展过程是比较合适的，这个过程也将民主发展模式划分为三种民主模式。

这三种民主模式具体是：一是仅仅能生存的经济独立时期的民主模式。如果缺乏个人经济的独立，民主就没有物质基础，这是民主的起点模式。二是经济已经独立，有个人稳定的价值取向的人格独立时期的民主模式。如果缺乏个人人格的独立，民主实施就会失去积极意义。严格来说，没有独立的人格，便没有真正的民主。三是个人经济已独立，人格已独立，个人对共同利害关系的理解和判断具备一定的水平并能不受其他不客观、不公平信息影响的个人判断力独立的民主形式。缺乏独立而客观的判断力，民主就没有合理性的结果，就会成为缺乏理性的游戏。

这种观点也是对民主制度史的另一种理解，并从中得到的一些启发。习惯上认为西方民主制从原始民主制发源，经历了古代民主、近代民主和当代民主。进入阶级社会后的古代民主制在雅典城邦和罗马共和国出现，是在摆脱奴隶身份出现市民阶级而产生的民主。我们发现，正是市民阶级经济的独立，摆脱了人身依附而使民主体制能够实现和存在。经济的独立是民主的基础，而人格的独立则使民主提高了一个层次。这里所指的人格独立，是指个性心理特征，也即一个具有独立人格的人。如果说经济独立指物质的方面，人格独立则指精神的方面。如果一个人不关心政治，不争取个人的权利，不主动表达在社会管理中的个人意见并付诸行动，而表现出一种盲从或“搭便车”等非个性化倾向，又或对社会事务漠不关心，这即是人格的不独立。民主本来就是个人之间意见不统一的一种处理方式，是社会共同体在个人意见和利益不一致的情况下调和关系，使社会保持和谐的政治制度。如果失去人格的独立，民主政治也就失去了本来意义。雅典民主制的创立者梭伦“曾制定一种特别法律，规定任何人当发生内争之时若袖手旁观，不加入任何一方者，将丧失公民权利，不再成为国家的一分子”①。公民注重对政治的关心和个人意见的表达而不是“搭便车”，既是人格独立的体现，也是民主的要求。民主的实施还受个人判断力的影响。由于受到利益集团及媒体等多种因素的共同影响，个人的判断力易受外部影响而不能作出理性判断，民主因而也会出现不理想的结果。雅典城邦民主制曾作出民主决策，决定派遣军队远征西西里，结果全军覆没。这个历史事实是公民判断力受影响时民主决策失败的典型例子。这类例子从民主制度产生之后一直就不断地上演着，至今没有终止过。基于此，笔者以为，西方发达国家多数已实现个人经济和人格独立，但仍然未能实现判断力的独立，因而西方的民主政治尚存在许多缺陷。这也是西方人为什么对政治越来越没兴趣的缘故之一。而中国的状况则是大部分人已实现了经济的独立，但在精神层次（除知识分子、大部分城市固定居民外）仍未能实现人格的独立，这是随着经济发展水平的提高所带来的各种变化尚未完成社会成员的“原子化”造成的。所以，中国的民主不仅有其文化方面的特殊性，还有社会区域和社会成员身份的高度异质性的特点，在实践中更应分类实施。

目前中国农村中，农民的经济条件不能说不独立，或者说农民基本上能依靠家庭经济过日子。在法律上，也可以说农民的人身是独立自由的。但熟知农村状况的人们都知道，农村中最能影响农民决策的因素并不是民主政治所讲究的内容，影响他们的民主政治参与行为的最有效因素恰恰是人们没有注意到的封建宗

① 应克复等．西方民主史（修订版）．北京：中国社会科学出版社，1997．57

法意识。封建宗法意识实质上是农民被束缚在土地上，且农业过分依赖自然、靠天吃饭的脆弱特点和生产的季节特点长期影响的结果。它使得宗族间农民集村而居，在生产上可以相互帮助，在生活上能够降低风险并提供安全保障，由此形成对宗族成员有利的行为结构和习惯。1978 年以后，农村虽然实行了经济体制改革，但农村土地的所有制依然不变，农村的家庭经营体制并不能改变农业本身所固有的特点，相反，我们看到，在人均耕地面积少的地方，还出现了劳动工具和劳动方式倒退的现象。农业在土地上的超额利润和农民对土地的依恋使部分从事其他行业的村民无法真正离开土地，使土地的相对集中、高科技应用和资本投入受到较大的掣肘。因而，农民宗法意识的现实基础一点也没去除，再加上意识形态控制的减轻和人们摆脱思想强控制的要求，使得以前几乎被淡忘了的封建宗法意识沉渣泛起。农村不稳定的很多案例的直接表现方式，就是宗法意识的支持和宗法结构的组织共同作用的结果。虽然有的学者认为农村的封建宗法力量对村民自治的负面影响并不严重；有的学者还认为宗族不是村民自治的负面因素，它可以与村民自治共存。但是，许多研究者仍然认为宗法意识是当前村民自治的最大障碍并表现出极大的忧虑。笔者从人的独立性角度来看村民自治，认为宗族阻碍了农民独立性人格的形成，肯定是村民自治的障碍。

对民主的含义作以上的分析，目的只是为了在简化地理解民主含义时能够抓住民主的实质，而不至于为了简化对民主的理解而放弃民主最重要的核心部分。通过以上分析可以这样简化地理解民主的含义：民主是人类社会发展到社会成员之间对共同问题的解决主见不同时产生的一种问题解决方法，真正的民主是指拥有平等权利的社会成员个人自主地参与与其相关的问题解决活动，它较多地应用于社会治理领域而通常被理解为政治制度。但民主作为政治制度是后来的事，民主毕竟只是决策方式，是问题解决方式，仅此而已。所以凡涉及问题解决或决策都可以有民主形式的存在，这不仅出现在政治领域中，还可以出现在经济领域和社会领域中。民主是好东西，但不是包治百病的神药。人类社会的有些病可以用民主来治，有些则不能，最需注意的是诸如“穷病”就不是民主能治的社会病，这一点也是西方经济学大师们的共识。

第三节　村民自治的绩效评价

所有关于民主化在农村中实践结果引发的不同评价与争论都是非常正常的，并且都是有理论和事实支持的，各家之言都言之成理。由于人类社会所要追求的并不只是民主一个美好目标，或者说民主是最优先追求的目标。所以从不同角度出发，在多个目标之间出现冲突时引起思考，引起争论，这是在追求真理过程中必然出现的现象，不足为怪。但是，在争论过程中要避免为了论战而论战，各自在寻找有利于自己的理论依据和具体事实论证自己的观点的正确性时，要相互吸收合理的见解，要有追求真理的气量和胸怀，不要忘了理性追求的目的是为了让亿万农民过上好日子，进而实现中华民族的伟大复兴，为人类社会发展作出贡献。也就是说，我们要跳出争论，从这个目的出发，从根本上梳理我们客观评价和指导农村社区民主化治理的思路。

对村民自治的评价就是对农村民主化进行评价，要构建一个评价中国农村村民自治的框架，可以从对民主制度，包括民主的功能、作用和机制等的评价开始。

一、民主制度的评价

（一）从民主的功能出发对民主制度的评价

美国学者、诺贝尔经济学奖获得者 Amartrya Sen 于 1999 年 7 月在 *Journal of Democracy* 上发表的《民主作为普世价值》一文中提出了民主的三大功能：①由于民主包含公民及政治权利，这些政治自由对生命发展和公民的福祉有“内在价值”；②民主亦可促使政府在决策过程中认真聆听公众意见，这是民主的“工具价值”；③民主亦促进公民的互动和相互学习，有助形成社会的价值，这是民主的"建构性价值"。[1] 这是一个富有整合作用的分析框架，使对民主众多功能的把握简单明了而且准确实用。不管是否符合作者原意，这三种价值之间的具体含义和相互关系应用在中国，可以作如下的理解。"内在价值"体现在个人的精神层面上，主要包括每个社会成员在社会中的平等地位和自由权利，是一种自我价值的认同。这种认同使每个社会成员能作为主人而自在地生活，并将这种精神价值内化在个人的价值体系之中。"工具价值"体现在公共权力机构和公务人员的权力运作上，由于民主的运作表现为拥有公共权力要向公民负责，公共权力机构需通过法律的制定、政策的实施带给社会成员福祉，这一类内容主要包括在经济和社会生活领域中。"建构性价值"体现在人与人之间的关系上，它会使社会成员的互动方式发生改变，使社会成员形成新的社会价值观，主要包括规则认同、利害妥协等共同社会的认同感。要特别强调的是，Sen 与许多学者一样认为民主与否对经济发展没有显著影响，所以在民主的"工具价值"里没有带动经济发展的功能。

民主的这三种功能在构筑村民自治的评价体系上可以作为最重要的骨架。民主的"内在价值"在村民自治中最重要的是体现了农民的主人地位，有了这一点农民才可以安心舒服地过他们自己的生活，并或认真或儿戏地运用他们的政治权利，就算他们如吴毅在《"无政治"的村庄》中所描述的那样，农民可能对社区事务表示关心，但可能不会行动；可能因为一点儿完全不重要的小事而自动放弃选举，但也可能会为没有得到村干部的通知而愤愤不平；可能会以最激烈的言辞来批评干部的工作，但仍然可能把选票作为人情轻易地送给那些他们并不喜欢的公众人物[2]。但此时他们不是奴隶，因为感受到自己是主人就是民主的内在价值。民主的"工具价值"则提醒我们不能把民主当成包医百病的灵丹妙药，农民当前最想要的经济发展利益借助于村民自治是难以得到的。

---

① 转引自陈健民，蔡子强．民主的小故事与大道理．香港：上书局，2008．24

② 吴毅．记述村庄的政治．武汉：湖北人民出版社，2007．28

(二)从民主的作用出发对民主制度的评价

科恩在《论民主》中认为“评价民主时要回答的关键问题是它有多深多广?在哪些问题上它确能发挥作用?”而民主的作用,他认为“所有政体中,民主最可能产生从长远来说是明智的政策”,“所有政体中,民主是最可能保证社会各成员及各阶层获得公正待遇的”,“与任何其他政体相比,民主更有可能消除以暴力手段解决社会内部争端的必要性”,“民主促进言论自由”,“民主促进才智的发展”,“民主促进心理条件(错误难免的观点、容忍、灵活、妥协等)”①。或许在村民自治中难以看到民主发挥了这么多的作用,但许多在西方民主制度中能感受到的民主的作用也可启发我们去发现和开发村民自治资源。

(三)从民主的机制出发对民主制度的评价

应克复等在《西方民主史》中论述道:“普选制、利益集团、新闻舆论三位一体,形成当代西方直接民主、半直接民主的机制,彼此互相配合,相得益彰,从而使当代西方民主的形式由间接民主向间接民主与直接民主、半直接民主相结合的方向转变。如果说,城邦的直接民主是民主的古代形态,代议制的间接民主是民主的近代形态,那么,间接民主与直接民主、半直接民主的结合,便是民主的当代形态。”“当代西方民主在形式上是对近代民主的刷新,在内容上是对近代民主的突破,因而其民主制在完善化的过程中达到了一个新的水平。这就是,当代西方民主已经具有比较健全的四大机制:参与机制、竞争机制、制衡机制、法制机制。”如果把具备民主的参与机制、竞争机制、制衡机制、法制机制作为成功的民主的评价内容,那么公民是否能够以一定的方式普遍参与官员的产生、重大决策的出台,决策和执行的公务人员是否是公平竞争产生的,是否具备权力内部和外部的权力制约机制,是否具备普遍的法律至上的法治理念、有法可依的法制体系、依法办事的执行体系就是评价当代民主的主要内容②。显然,民主的

---

① [美]科恩. 论民主. 聂崇信,秀朱贤译. 北京:商务印书馆,2004. 38,212~242

② 应克复等. 西方民主史(修订版). 北京:中国社会科学出版社,1997. 11~12,396~438

这些机制对于考察村民自治的深度和广度有具体的指导意义，特别是能够体现在具体测量和评价项目的设计上。

二、对村民自治制度的评价

作为农村民主化的一项重大实践，村民自治究竟应怎样评价，在对民主制度的评价分析后我们可以得到一些启发，并且选择一些合适的指标将其转化为可行的指标后作为我们评价村民自治制度的依据。评价村民自治制度，不能总是停留在室内的理论评价上，而应当走出去到实践中去，看看制度的实施结果是否符合设计的预期，在多大程度上实现了设计目标，还存在什么问题，这些问题能否解决、怎样解决。依据这样的思路，我们参照民主的功能、作用和机制框架，特别针对村民自治制度设计的目的，逐层对村民自治的设计初衷进行分析，然后形成评价体系，再对村民自治作出评价。

（一）村民自治制度的设计目的

从1915年中国河北定县翟村的实践正式揭开中国的乡村自治开始，乡村自治的制度设计本意就是民主自治。李德芳在《民国乡村自治研究》中指出，中国乡村自治的模本来源于日本，而日本则来源于德国。其核心都是强调在宪政框架下的地方自治，那时乡村自治和村民自治的意思是一致的，体现的是村民民主自治的思想。民国时期的乡村自治更是秉承孙中山先生的“人民自治是政治的极则”理念，无论是山西的村制实践，还是南京政府时期的乡村自治制度，都被当时认为是实践民权思想的重要内容。这些制度设计的目的，都是想通过村民自治的民主化实践，推进传统乡村社会向现代社会的转型。

通过村民自治的民主化实践，完成从传统乡村社会向现代社会的转型。这种方式和目的，历经政治力量的更迭，至今仍然没有改变。目前在中国实施的村民自治，制度设计的本意同样是实行农村的民主自治，寄希望于农民依靠自己的智慧和力量来解决政府感到乏力的农村问题，强调农民政治参与最彻底的直接民主方式的村民自治。这一点可以从以下两方面看出：

首先是宪法和法律的规定。1982 年修订的《中华人民共和国宪法》第一百一十一条规定："城市和农村按居民居住地区设立的居民委员会或者村民委员会是基层群众性自治组织。"后来的几次宪法修改，都没有改变村民自治的宪法地位。在《村民委员会组织法》中，不论是 1987 年试行的法律文本还是 1998 年正式的法律文本，对民主自治都有明确的表述。其中，自治精神通过《村民委员会组织法》第二条"村民委员会是村民自我管理、自我教育、自我服务的基层群众性组织"体现出来；民主精神则通过"民主选举、民主决策、民主管理、民主监督"四个民主具体体现出来。对于如何确保民主自治的实现，《村民委员会组织法》的设计以及各地的实施办法的制定也与其他的法律法规不同，更加注重程序性操作的设计。

其次是影响《村民委员会组织法》的制定和实施的关键政治人物的态度。中国过去的政治现实表明，领导人的态度几乎是影响制度或法律制定的最重要因素。因此，领导人的思想倾向对农村基层民主化改革的影响特别关键，村民自治的实施也与领导人的态度紧密相关。中国改革开放的总设计师邓小平 1987 年 8 月就讲过："把权力下放给基层和人民，在农村就是下放给农民，这就是最大的民主。我们讲社会主义民主，这就是一个重要内容。"[①] 积极推进中国民主法制建设的原全国人大常委会委员长彭真，为了实现基层的直接民主，在多种场合公开发表个人观点，如 1987 年 11 月 23 日的《通过群众自治实行基层直接民主》的讲话，对《村民委员会组织法（试行）》的顺利通过起了很大的推动作用。在谈到《村民委员会组织法（试行）》的意义时，他说："旧中国留给我们的，没有什么民主传统，我国民主生活的习惯是不够的。这个问题怎么解决？还是要抓两头：上面，全国人大和地方各级人大认真履行宪法赋予的职责，发扬社会主义民主；下面，基层实行直接民主，凡是关系群众利益的事，由群众自己当家、自己做主。上下结合，就会加快社会主义民主进程。"[②] 1997 年，江泽民在中共

① 邓小平文选（第 3 卷）. 北京：人民出版社，1993. 252

② 彭真文选. 北京：人民出版社，1991. 608

“十五大”报告中也说道：“扩大基层民主，保证人民群众直接行使民主权利，依法管理自己的事情，创造自己的幸福生活，是社会主义民主最广泛的实践。”胡锦涛在中共“十七大”报告中也强调：“人民依法直接行使民主权利，管理基层公共事务和公益事业，实行自我管理、自我服务、自我教育、自我监督，对干部实行民主监督，是人民当家做主最有效、最广泛的途径，必须作为发展社会主义民主政治的基础性工程重点推进。”①

可见，村民自治制度的设计本意就是由农民群众当家做主，实行民主自治。

（二）现有的村民自治评价办法

现有的村民自治研究涉及对村民自治的评价时，多数从村民自治的职能出发，以实际的村民自治与《村民委员会组织法》规定的差距作为评价的依据，并对村落进行分类。具体有以下几种：①张厚安的三种类型。华中师范大学农村问题研究中心张厚安教授在《中国农村基层政权》中根据村委会履行职能的情况，把20世纪90年代初中国村民自治的状况分为三大类型，即以强化了村委会的自治功能为主的自治型、以强化了完成政务推行功能为主的行政型，以及基本上没有变化的混合型。②欧博文的四种模型。美国俄亥俄州立大学政治系教授欧博文（Kevin J. O'Brien）根据村民参与和完成国家任务情况，将村委会分成两种类型四种模型，即达到国家民政部关于村民自治示范村标准的达标类型和没有达标类型，没有达标的类型中又分为三种模型，即村民参与和完成国家任务均不好的瘫痪村、村民参与程度低但完成国家任务好的行政化倾向的专制村、村民参与程度高但完成国家任务不好有“独立王国”倾向的失控村。③徐勇的两分法。华中师范大学农村问题研究中心徐勇教授在《中国农村村民自治》中同样按照国家民政部关于村民自治示范村标准将村委会分为规范型和非规范型两类，非规范型又分为行政化和放任失控状态的失控村两类。这种分法与欧博文的分法相近，只是把欧博文的瘫痪村和失控村合并为失控类型。这些分类和评价方式都带

① 胡锦涛．高举中国特色社会主义伟大旗帜　为夺取全面建设小康社会新胜利而奋斗．北京：人民出版社，2007．30

有早期论战需要的味道，由于村民自治初期的争论不管观点怎样不同，论据的收集都要在现实的村民自治中去找，且由于村民自治是政府供给的制度，如果政府的目标都无法实现，甚至破坏了政令的统一，那么政府肯定会重新考虑村民自治的推行。基于此，评价村民自治时，人们都把目光集中在代表政令统一的完成国家任务和代表村民民主的村民高度参与两个重要维度上。显然，这些评价过于简单，也没有形成详细的指标体系。

（三）村民自治绩效评价的探索

自村民自治实施以后，法律规定由政府的民政部门具体负责《村民委员会组织法》和各种相关法律、法规的实施，其实中国共产党各级组织部门和基层党委更加重视并实质性地指导着包括村委会在内的农村基层组织建设工作，也形成了基层组织建设工作的评价体系。可操作的有20世纪90年代中期广东省的村级基层组织建设“五个好”的指标体系，即有一个好的领导班子，特别是有一个好的支部书记，有一支好的党员队伍，有一条好的经济发展路子，有一套好的管理制度，有一个好的环境。在这个指标体系中，村委会的工作情况也被包含在其中，并形成量化的指标。在新时期社会主义新农村建设的涵盖下，以“生产发展，生活宽裕，乡风文明，村容整洁，管理民主”为目标的新农村建设，对原来的农村基层组织建设指标体系作了微调。虽然指标详细，但在实际工作中，最终的评价结果也是化繁就简，只是把农村基层组织分为好、中、差三类。虽然党内的农村组织评价体系不是村民自治的评价体系，但它在有些方面的内容更加全面，更加符合现实，且使用后经过了检验和修改，所以很有参考价值。

评价村民自治必须对村民自治进行测量，而测量村民自治的量表不能脱离村民自治的设计目标。从1998年11月4日第九届全国人民代表大会常务委员会第五次会议通过的《中华人民共和国村民委员会组织法》中可以看出，村民自治的目标应当是依法自治、发展民主、促进物质和精神文明建设。我们在实践中就需要了解村民在自我管理、自我教育、自我服务方面怎么样，农村的民主选举、民主决策、民主管理、民主监督推进得好不好，农村的经济建设、文化建设和社会生活是否改善了。评价村民自治需要评价村民依法办事的情况、评价农村民主化进程、评价农村包括经济发展在内的社会发展状况。这三个系列之间又是相互联系的。例如，对民主化进程的评价会涉及依法办事的内容，也会涉及社会发展状况。我们尝试以对农村民主化进程的评价为主，把其他内容，包括西方民主理论中有益的和适合中国现状的一些理念摘要涵盖进来形成评价体系，并进行实际的测量尝试。这也正是2002年第二次村民直选后笔者所作的农村实证调查的主要内容。

第三章

村民自治的测量①

村民自治的整体情况究竟如何，确实是众说纷纭。目前，对村民自治整体情况的描述仅靠各级政府相关部门的统计数字，确实显得渠道过于单一，而在这方面的研究还没有形成范式，通常来讲，它只能通过规范的调查统计方法获得。本章的主要内容正是借助社会调查统计分析方法和政治心理学的原理相结合进行的对村民自治的测量的尝试，目的除了对调查总体进行科学的把握外，还想通过尝试获得客观有效的村民自治绩效评价量表。

第一节　村民自治态度调查问卷设计、调查与分析方法

村民自治态度调查选取广东省饶平县作为调查的样本。

一、问卷设计和说明

问卷在2002年底确定选题后开始研制。针对中国农村民主化改革中的核心

① 本章是笔者2004年应用心理学的硕士学位论文。

内容，即村民对村民自治的态度进行问卷设计。设计采用了三种方法：一是从理论出发，结合各项法律、法规的规定和调查地点农村的实际状况演绎出问卷的结构和主要内容；二是参考一些政治学、社会学的调查问卷，吸取有益的成分；三是与农村干部、农民和基层工作者共同探讨农村现实治理问题，逐步形成问卷初稿。考虑到农民文化程度较低的现实，问卷设计成全封闭的结构访问问卷，以提高调查的效率，便于后期数据的统计分析。

问卷初稿形成后，一方面呈送社会调查和统计专家征求意见，一方面请基层工作者阅读评议，并在饶平县联饶镇选择少量的农民和农村干部进行试用调查，重点对语义和表达方式及答案设计进行调整。经过试用后定稿，定稿后的调查问卷共五部分，分为基本情况、知情部分、"直选"行为调查、村民对"直选"的态度调查和农村干部资源状况调查（问卷见本书附录）。

（一）基本情况

本部分的调查目的是了解被访者个人资料和一些将作为交互分析所需的资料。

（二）知情部分

本部分的调查目的是了解被访者对村民自治内容的掌握情况。知情是态度形成的基础。农村直接民主的主要原则是否为村民所了解，涉及村民对农村直接民主的态度是否是建立在知情的前提下。因此，本调查选择了直接民主的几项基本原则如直接、平等、普遍、差额、秘密、公平、多数等作为问题设计的主要内容。第 1 题是关于民主选举原则的，第 2 题是关于平等选举原则的，第 3 题是关于差额选举原则的，第 4 题是关于秘密选举原则的，第 5 题是关于公开选举原则的，第 6 题是关于直接选举普遍选举原则的，第 7 题是关于民主决策原则的。

（三）"直选"行为调查

本部分的调查目的是了解农村直接民主是否已成熟。民主是问题解决机制，是组成社会群体的各个个体在对待同一问题的态度不一致时而产生的问题解决机制。因而，民主的要件是：①个体是独立的，有各自的态度；②不同的态度没有办法协调一致，只能通过多数原则民主决策，统一解决问题的方案；③每个个体或至少多数个体都尊重民主决策的结果。所以，直接民主是有条件的，条件是以上三点要件。我们根据这些条件进行调查，共18题。包括以下三方面内容：

首先是村民的独立性检验。这项检验又包含两方面的问题：A. 物质层面上是否独立？经济上独立是个体独立的物质基础，主要由收入水平决定；B. 精神层面上是否独立？个体在精神层面上的独立，是完整人格的体现。它包括态度和行为是否独立。问卷设计中，问题A将在基本情况（前因变量）的第5题中获得资料，并按当地的生活标准分为贫困、温饱和小康三种类型；问题B作为态度和行为测量内容。通过个体的态度和行为测量看个人态度和行为受社会因素等其他因素的影响程度，以测量个体政治人格的独立性和由个体行为汇集而成的群体政治人格的独立性。这部分的题号为1、2、3、4、5，共5题。

其次是迫切性检验，即个体对民主的要求。从两个不同方面来理解，都必须进行迫切性检验。一是假设民主是无条件的，是每个人的基本政治权利，属基本人权。如果假设成立，则民主是村民的基本需要，村民应该会表现出对民主权利的迫切要求。二是假设民主是有条件的，则条件成熟的一个重要标志是多数个体有民主的迫切要求。那么村民自己是否有这个要求呢？如果没有这种迫切需要，那么村民参与民主政治的行为便是被动的，是民主政治条件不成熟的表现。因此，我们必须测量村民参与直接民主的态度和行为的主动性，以了解村民对直接民主需要的迫切性，从而了解民主政治的条件是否成熟。问卷中将对村民参与直接民主的态度和行为的主动性进行测量，题号为6、7、8，共3题。

再次是规范性行为检验，即个体对依照约定的方法作出的决策的尊重。民主制度赖以生存的基础就是承认游戏规则的权威。如果不符合自己的主张，只有服从，或者按规范程序采取其他行为。如果民主结果不符合自己的愿望就撇开民主，民主制度将无法存在。这部分的题号为9、10、11、12，共4题。

另外，题号为13、14、15、16、17、18的6题是以上三方面调查内容的综合反映。特别是17、18题，专门调查了参加选举与自身利益的关系。

（四）村民对“直选”的态度调查

本部分的调查目的是了解被访者在“直选”前后态度的变化。

如果我们把民主作为问题解决机制，那么实行直接民主后，对农村问题解决的情况便是评价农村直接民主绩效，即民主的“工具性价值”的依据。农村问题可以围绕农业产业化、农村工业化和城镇化，以及当前“三农”的突出问题，如村务公开、农村财务、干群关系、干部作风、经济发展、社会治安、村民关系等。调查问卷设计时，我们先测量村民直选前对直接民主的期望，即村民直选前预期直接民主能解决农村问题的态度，以及村民直选后直接民主实际解决农村问题的情况与村民的期望和结果一致性程度。直选前的态度和直选后的态度将是直接民主效果好不好的评价依据。这部分调查共2题18个项目。

（五）农村干部资源状况调查

本部分的调查目的是了解直接民主能否选出好的农村干部。

目前，农村有一种现象是农村干部“好人不想当，能人不愿当，坏人争着当”。这是不是说明农村干部的产生机制出了问题呢？真的是缺乏民主选拔机制造成的吗？直接民主作为一种官员产生机制，在中国农村，它一定能产生好的农村干部吗？历史已经证明，直接民主并不必然带来经济的繁荣，但能带来社会的稳定。那么，如果农村缺乏管理人才，这种直接民主是否也能带来社会稳定呢？

这部分问卷的问题包括干部标准和村里干部人才状况评估，以及村民和干部之间互动情况，即各自的心理状态和行为趋向，共7题。

另外，我们还专门设计了一些问题，调查农村中以血缘关系为主的非理性因素（也可以说是反民主的因素）在农村直接民主实践中的影响程度，以说明在实施较进步的直接民主政治后，农村村民的政治意识究竟是进步了还是退化了。我们认为，农村村民如果在政治参与意识上存在独立意识，以理性、利益作为政治参与的出发点和行为方式，则说明农村村民通过民主实践，其政治参与意识进步了。反之，如果农村村民缺乏独立意识，而是以血缘、地缘等非理性因素，以人情、人身依附作为其政治参与的出发点，且以非规范行为参与具体政治活动，则认为农村村民在直接民主实践后，其政治参与意识退化了。这部分调查主要在问卷第三部分的4、5、13、14、15、16题中进行。

另外，我们还对体制设计的有关问题进行了调查，主要针对农村在现行体制下运行不顺的现象。如：①村党组织与村委会的矛盾。这个问题是指在党支部书记没有兼任村委会主任的情况下出现的矛盾。当党支部书记和村委会主任有矛盾时，到底应该听谁的？这是多数村民的困惑。正是这种困惑使矛盾激化有了条件。宪法、法律和党章都抽象地赋予了党组织领导核心的地位，《村民委员会组织法》也赋予村委会具体的工作权限和职责。具体运作时，职责又扣在党支部书记的头上。村干部缺乏在狭小的空间里处理党政关系的能力。于是，在党支部书记没有兼任村委会主任的情况下出现的矛盾几乎不可避免。这在第三部分的11、12题中对体制设计和农村现实之间的差距作了调查。②乡镇与村的矛盾。这主要是村级组织在完成各项政务方面不能达到乡镇政府的要求所造成的。排除其他情形，最重要的一点是当村委会不履行或履行不好法律法规规定的职责时，乡镇政府很难矫正，而责任又要乡镇政府承担，因而导致矛盾加剧。这在第四部分的1、2题的第3、第8小项作了调查。③村干部与村民的矛盾。这主要是村干部没有按规定治村所造成的，特别是在村务公开、财务公开方面做得不够。这在第五部分的5、6、7题进行了调查。再加上已作调查的“农村干部资源”和“村民素质”共五个因素构成了体制设计和实际运行矛盾的调查体系。

二、问卷调查

（一）调查总体的基本情况及抽样

饶平县有21个镇，356个村民委员会。农业人口73.971 2万人，人均年纯收入3 331元。2002年参加村民委员会换届选举登记的选民有44.835 8万人。抽样过程采用多段分层抽样的办法，先抽取镇，被抽中镇的每一个行政村都进行调查，以扩大调查的覆盖面；行政村内再抽取户群，即抽取村民小组，户内调查取户主一人。

1. 乡镇分层

根据饶平县农村居民的地理分布情况、经济状况、活动方式、方言等特点，以及饶平县习惯的乡镇分类方式，把饶平县现有21个镇分成北区、中区和南区3类。北区处于饶平北部山区，包括新丰、建饶、上饶、饶洋4个镇，72个村委会，农业人口39 319户，共175 418人，人均年纯收入2 596元，人口集中，使用客家方言，以水稻、茶叶等传统农业为主，兼业陶瓷业，劳动力多在本地或外出打工；中区位于饶平中部丘陵地区，包括三饶、汤溪、新塘、浮山、浮滨、东山、新圩、樟溪、联饶、高堂10个镇，182个村委会，农业人口57 501户，共243 962人，人均年纯收入2 957元，人口分布较稀，使用潮州方言，以茶叶、水稻、水果及其他传统种养业为主，区域内基本属纯农业，较少兼业，富余劳动力以外出打工为主，生活水平较低；南区是饶平县的沿海地区，包括大埕、所城、柘林、黄冈、海山、井洲、钱东7个镇，93个村委会，农业人口72 690户，共325 724人，人均年纯收入3 733元，是饶平经济较发达地区，人口密集，流动性大，交通便利，外商投资多，使用潮州方言，以农业和海洋捕捞、养殖业为主，兼业多，也有人外出打工，民众生活水平较高。① 在分层的基础上，每个类别用简单随机抽样的办法，北区抽出1个镇，中区抽出1个镇，南区抽出1个镇，共抽出3个镇进行调查。实际抽样调查时，北区、中区和南区分别抽中新丰、高堂、井洲3个镇，共30个村民委员会。

2. 调查对象分层

对被抽中的镇的每一个行政村都继续进行抽样。行政村村民分成干部（领取村里工资或补贴的选民）和普通群众（其他选民）两个层次分别抽样。按全县选民1‰的调查比例确定每个村抽取一个村民小组。全县干部与普通群众的比例约为1:20，每一个行政村随机抽取一个居民户群（村民小组）的20名群众和1

① 人口及户数等基本情况来自饶平县统计局2002年台账，选民数据来自饶平县民政局报表，人均纯收入来自饶平县农业局“2002年农村合作经济收益分配主要指标对比表”。

名干部作为调查对象进行调查。

（二）调查方式

问卷调查采用由调查员入户与调查对象见面的访问方式，以提高回收率、答题率和有效率。调查员是新丰、高堂、井洲 3 个镇农技站的农业技术推广员。7 位调查员经过培训后，单独入户与村民见面，征得村民同意后进行访问调查。户主不只一人时，则由村民自己推选一人接受调查。

三、统计分析方法

采用美国社会科学统计分析软件包（SPSS10.0）对所获得的资料进行描述性统计、交互分析及显著性检验。问卷各部分统计分析具体如下：

（1）问卷所列的问题，除问卷第一部分“基本情况”（代码 A）的第 2、6、7 题和第二部分外，全部作频次和频率（百分比）的描述性统计。第一部分“基本情况”的第 2 题重新赋值，分成 18～25 岁、26～40 岁、41～60 岁、61 岁以上 4 种类型。第 6、7 题则转化成新变量，第 6 题（村人口数）和第 7 题（村集体收入）相比后形成新变量 $A_{7/6}$（年人均集体收入，$A_{7/6}$ = A7/A6）。新变量 $A_{7/6}$ 分成 30 元以下、31～100 元、101～300 元、300 元以上 4 种类型，再作描述性统计。

（2）第二部分“知情部分”（代码 B）按总加量表统计，形成新变量 B，作为测量村民对村民自治知情状况的指标。B 值为每小题得分相加的和，即每小题答①赋值 1，答②或没回答赋值 2。B 值分为 10 分及以下、11 分及以上两类。总分在 10 分及以下为基本了解村民自治的原则规定，总分在 11 分及以上为基本不能掌握村民自治的原则规定。

（3）第四部分“村民对‘直选’的态度调查”（代码 D）按李克特总加量法分别进行统计。9 项调查的数据分别按回答①赋值 1，回答②赋值 2，回答③赋值 3，回答④赋值 4，回答⑤赋值 5 的方法进行统计。9 道题的总得分（包括 D1、D2）划分为 9～16 分（与“很同意”对应）、17～23 分（与“同意”对应）、24

~30 分（或有好有坏说不清）、31 ~ 37 分（与“不同意”对应）、38 ~ 45 分（与“很不同意”对应）5 种类型。形成新变量（态度综合变量）D1、D2 后，对新变量 D1、D2 作描述性统计。

D1 和 D2 各题是相互对应的，按各题的内容作直选前和直选后态度的对比分析。通过比较，分析态度的变化。同时，作显著性检验。

（4）双变量交互分析。第四部分各题和新变量 D1、D2 分别与第一部分的基本情况各题，以及问卷第三部分的第 8 题（村官直选评价）作交互分析。第五部分（除第 4 题外）先加权处理后再与第一部分各题作交互分析。加权的权重如下：第一重要的回答权重为 3/6，第二重要的回答权重为 2/6，第三重要的回答权重为 1/6。

四、调查基本情况

调查在 2004 年 3 月 10 日至 31 日进行。调查时间距离饶平县第二次村民委员会直选约 20 个月（饶平县第二次村民委员会直选在 2002 年 5 月左右）。实际调查时，共获得有效问卷 457 份，占全县 448 358 名登记选民的 1. 02‰。在 457 名被试中，按身份、年龄、性别、文化程度、工作种类、村人均集体收入、家庭人均年纯收入等因素划分，基本情况见表 3 - 1。

表 3 - 1　被试基本情况分析表

		频数（人）	百分比（%）
身份	干部	25	5. 5
	群众	432	94. 5
年龄	18 ~ 25 岁	16	3. 5
	26 ~ 40 岁	138	30. 2
	41 ~ 60 岁	271	59. 3
	60 岁及以上	32	7. 0

（续上表）

		频数（人）	百分比（%）
性别	男	363	79.4
	女	94	20.6
文化程度	大专及以上	3	0.7
	高中	80	17.5
	初中	202	44.2
	小学	139	30.4
	文盲	33	7.2
工作种类	纯农业	308	67.4
	兼业	126	27.6
	农业以外	22	4.8
	无回答	1	0.2
村人均集体收入	30元以下	187	40.9
	31~100元	229	50.1
	101~300元	28	6.1
	300元以上	1	0.2
	无回答	12	2.6
家庭人均年纯收入	1 500元以下	209	45.7
	1 500~3 350元	215	47.0
	3 350元以上	31	6.8
	无回答	2	0.4

第二节　村民对村民自治的基本认识

一、知情状况

调查结果发现，绝大多数村民了解村民自治的基本原则。根据心理学原理，知情是态度形成的基础。建立在知情前提下的态度与行为有密切关系，其行为倾向比较明确和稳定。村民自治的主要原则是否为村民所理解和掌握，影响着村民对村民自治的客观判断，进而影响村民的政治参与行为。调查显示，83.8%的村民基本了解村民自治的基本原则，见表3-2。

表3-2　村民对村民自治基本原则了解状况统计表（知情总加量表）

	频数（人）	百分比（%）
10分及以下	383	83.8
11分及以上	74	16.2
合计	457	100.0

调查选择了直接、平等、普遍、差额、秘密、公平、多数等几项基本原则，设计为7道问题对被访者对村民自治内容的掌握情况进行调查，并按总加量表统计。统计方法为每题答对赋值1，答错或没回答赋值2。7道题的得分相加形成总加量（总分B），总分分为10分及以下和11分及以上两种类型。假定本部分7题中，答对4题以上（即一半以上），为基本了解村民自治的原则规定，总分为10分及以下；答对3题以下（即一半以下），为基本不能掌握村民自治的原则规定，总分为11分及以上。调查结果还表明，经过近十年的宣传和两届村民委员会直接选举的实践，绝大多数村民已经基本掌握了农村政治生活的规则。

二、理性程度

民主本来就是组成社会群体的各个个体在对待同一问题的态度不一致时产生的问题解决机制。因而，理性的民主必然是：①个体是独立的，有各自的态度；②不同的态度通过多数原则统一起来；③每个个体或至少多数个体都尊重民主决策的结果，以保持社会不会分裂。基于此，可以认为，农村村民在政治参与意识上，如果缺乏独立意识，而是以血缘、亲缘、地缘等非理性因素，以人情、人身依附作为其政治参与的出发点，且以非规范行为参与具体政治活动，则认为其态度和行为是不理性和不健康的。如果村民能按规范要求，排除封建宗族观念及其他负面因素的影响，自主和规范地参与村民自治过程，则认为村民参与村民自治的态度和行为是理性和健康的。调查发现，村民在参与直选时，其政治参与意识、态度和行为基本上是理性和健康的。

（一）自主意识

多数村民参加选举的自主意识强。67.4%的村民是因为支持某人而参加投票的，86%的村民按自己的意见投票，详细资料见表3－3、表3－4。

表3－3 村民参加投票的原因统计表

	频数（人）	百分比（%）
支持某人	308	67.4
他人所托	33	7.2
干部的要求	12	2.6
随大流	94	20.6
有补贴	2	0.4
其他	5	1.1
无回答	3	0.7
合计	457	100.0

表3-4　选举时，你按谁的意见投票

	频数（人）	百分比（%）
按自己的意见	393	86.0
按别人的意见	63	13.8
无回答	1	0.2
合计	457	100.0

（二）选择标准

大多数村民没有选择朋友、亲属、宗族等以血缘、亲缘关系为主的人，也没有选择有势力者作为村委会成员，而是将有德者和有才者作为自己的选择对象，选择标准合理。56.9%的村民投票选择有能力者，14.4%的村民投票选择品行好的人。村民投票选择有能力者和品行好的人的比例共71.3%，见表3-5。

表3-5　选举时，许多人来游说你，你选择投谁的票

	频数（人）	百分比（%）
朋友	43	9.4
亲属	56	12.3
宗族	19	4.2
有能力者	260	56.9
品行好的人	66	14.4
有势力者	2	0.4
随便	10	2.2
无回答	1	0.2
合计	457	100.0

（三）影响因素

大多数村民在直接选举前，个人的态度不是被许诺好处、说好话套近乎、送钱物、威胁等其他因素所左右，而是受到宣传治村主张这样理性因素的影响。72.2% 的村民选择受宣传治村主张的影响，见表 3－6。

表 3－6　选举前哪种做法拉票能影响你

	频数（人）	百分比（%）
宣传治村主张	330	72.2
许诺好处	44	9.6
说好话套近乎	30	6.6
送钱物	35	7.65
威胁	8	1.75
其他	9	2.0
无回答	1	0.2
合计	457	100.0

（四）选择结果

直选出来的村民委员会成员基本上是村民所认同的最优选择。直选村民委员会作为一种农村干部选任机制，是不是能够把农村社区中的精英选进村委会呢？许多人对此不以为然，甚至现阶段还出现农村干部是“好人不想当，能人不愿当，坏人争着当”的说法。那么，村民是如何看待他们选举出来的村委会干部呢？只有 19.5% 的村民认为村里没有合适的干部人选，21% 的村民认为能胜任当干部的人都外流了，比例较小；70.2% 的村民反对村里没有合适的干部人选的说法，63% 的村民不认为能胜任当干部的人都外流了（见表 3－7、表 3－8）。换言之，多数村民认为选举出来的干部就是村里的精英，对其认同度较高。因此，不管对于村干部素质的客观要求如何，大多数村民主观上认为他们选择的人是合适的干部人选，选出来的干部是村民所认同的最优选择。

表3－7　你同意村里没有合适的干部人选说法吗

	频数（人）	百分比（%）
很同意	31	6.8
同意	58	12.7
说不清	43	9.4
不同意	284	62.1
很不同意	37	8.1
缺失	4	0.9
合计	457	100.0

表3－8　你同意能胜任当干部的人都外流了的说法吗

	频数（人）	百分比（%）
很同意	11	2.4
同意	85	18.6
说不清	69	15.1
不同意	268	58.6
很不同意	20	4.4
缺失	4	0.9
合计	457	100.0

第三节 结果与分析

一、直选前后村民态度的变化

（一）直选前的态度

直选前，村民对直选的期望较高。在对直选是否能选出好干部、是否有利于村的稳定、是否能改善镇政府与村的关系、是否能改善干部与群众的关系、是否能改善村干部内部的关系、是否能改善村里群众之间的关系、是否能改善干部廉洁情况、是否能促进村里经济发展、是否能促进村务公开9项内容进行调查时，发现村民对直选的态度较积极，见表3－9。持直选能选出好干部、有利于村的稳定、能改善镇政府与村的关系、能改善干部与群众的关系、能改善村干部内部的关系、能改善村里群众之间的关系、能改善干部廉洁情况、能促进村里经济发展、能促进村务公开观点的村民（包括很同意和同意）分别为77.7%、60.9%、50.9%、69.7%、53.9%、55.4%、48.8%、49.6%、54.2%，说不清的分别为14.1%、20.3%、32.3%、23.0%、33.7%、33.0%、33.0%、33.5%、32.4%，持不同意（包括很不同意和不同意）这种观点的则分别为8.2%、18.8%、16.8%、7.3%、12.4%、11.6%、18.2%、16.9%、13.4%。

表3－9 直选前村民对直选态度汇总表

	很同意	同意	说不清	不同意	很不同意
能选出好干部	88	264	64	34	3
有利于村的稳定	78	198	92	84	1
能改善镇政府与村的关系	75	155	146	75	1

（续上表）

	很同意	同意	说不清	不同意	很不同意
能改善干部与群众的关系	58	257	104	33	0
能改善村干部内部的关系	45	198	152	50	6
能改善村里群众之间的关系	50	200	149	43	9
能改善干部廉洁情况	55	165	149	72	10
能促进村里经济发展	55	169	151	69	7
能促进村务公开	58	186	146	59	1

注：表中数据为频数，总样本数是457。

（二）直选后的态度

直选后，村民对直选后的结果评价较低。在对直选是否选出好干部、是否有利于村的稳定、是否改善镇政府与村的关系、是否改善干部与群众的关系、是否改善村干部内部的关系、是否改善村里群众之间的关系、是否改善干部廉洁情况、是否促进村里经济发展、是否促进村务公开9项内容进行调查时，村民在直选后的评价较低，见表3－10。持直选选出好干部、有利于村的稳定、改善镇政府与村的关系、改善干部与群众的关系、改善村干部内部的关系、改善村里群众之间的关系、改善干部廉洁情况、促进村里经济发展、促进村务公开观点的村民（包括很同意和同意）分别为55.2%、43.9%、39.4%、40.7%、35.5%、41.7%、35.7%、29.7%、37.3%，说不清的分别为27.6%、35.8%、44.0%、43.6%、45.7%、39.7%、38.8%、43.2%、39.8%，持不同意（包括很不同意和不同意）这种观点的则分别为17.2%、20.3%、16.6%、15.7%、18.8%、18.6%、25.5%、27.1%、22.9%。

表3-10 直选后村民对直选态度汇总表

	很同意	同意	说不清	不同意	很不同意
选出好干部	50	200	125	70	8
有利于村的稳定	36	163	162	87	5
改善镇政府与村的关系	19	159	199	72	3
改善干部与群众的关系	15	169	197	67	4
改善村干部内部的关系	19	141	206	81	4
改善村里群众之间的关系	21	167	179	80	4
改善干部廉洁情况	17	144	175	107	8
促进村里经济发展	21	113	195	120	2
促进村务公开	33	135	179	102	1

注：表中数据为频数，总样本数是457。

（三）直选前和直选后态度量表的信度效度分析

本次调查问卷的信度分析采用目前最常用于态度测量的 α 信度系数法。效度采用单项与总和相关效度分析。

1. 直选前态度量表的信度效度分析

直选前态度量表中9项调查内容显示：直选能选出好干部、直选有利于村的稳定、直选能改善镇政府与村的关系、直选能改善干部与群众的关系、直选能改善村干部内部的关系、直选能改善村里群众之间的关系、直选能改善干部廉洁情况、直选能促进村里经济发展、直选能促进村务的公开，编码分别为D11、D12、D13、D14、D15、D16、D17、D18、D19，对参与运算的9个变量相加，得到的总和的均数、方差和标准差分别是21.848 9、39.611 9、6.293 8，α 信度系数为0.916 7。在SPSS上进行各题项得分间的一致性和相关分析，结果见表3-11。

表 3-11　直选前态度量表中题目删除与量表的相关系数和信度改变分析表

	均数	方差	相关系数	α 信度系数
D11	19.737 8	32.122 6	0.726 9	0.906 2
D12	19.442 2	31.209 3	0.672 5	0.910 0
D13	19.355 6	31.481 3	0.664 5	0.910 4
D14	19.600 0	32.485 5	0.747 8	0.905 5
D15	19.351 1	32.059 1	0.691 5	0.908 3
D16	19.380 0	32.066 9	0.674 2	0.909 4
D17	19.255 6	30.471 3	0.765 6	0.903 1
D18	19.284 4	30.529 2	0.784 6	0.901 7
D19	19.384 4	32.192 6	0.660 5	0.910 3

从上述结果可以看出，删除上述任何一个题目，都不会提高总的 α 信度系数，即不应该删除任何一个变量。一般认为，总的 α 信度系数在 0.8 以上就可以认为相应问卷信度较高，单项与总和相关系数在 0.6 以上就可以认为问卷是有效的。本问卷的 α 信度系数是0.916 7，单项与总和的相关系数都在 0.6 以上，因此，可以认为这份直选前态度量表是一份信度较高、有效的量表。

2. 直选后态度量表的信度效度分析

直选后态度量表中 9 项调查内容显示：直选能选出好干部、直选有利于村的稳定、直选能改善镇政府和村的关系、直选能改善干部和群众的关系、直选能改善村干部内部的关系、直选能改善村里群众之间的关系、直选能改善干部廉洁情况、直选能促进村里经济发展、直选能促进村务公开，编码分别为 D21、D22、D23、D24、D25、D26、D27、D28、D29，对参与运算的 9 个变量相加，得到的总和的均数、方差和标准差分别是 24.813 7、32.987 5、5.743 5，α 信度系数为 0.900 3。在 SPSS 上进行各题项得分间的一致性和相关分析，结果见表 3-12。

表 3-12 直选后态度量表中题目删除与量表的相关系数和信度改变分析表

	均数	方差	相关系数	α 信度系数
D21	22.283 8	25.603 7	0.682 5	0.888 2
D22	22.117 5	25.779 5	0.691 9	0.887 3
D23	22.075 4	27.318 7	0.602 5	0.893 9
D24	22.088 7	27.027 7	0.653 8	0.890 3
D25	22.013 3	27.017 6	0.630 0	0.892 0
D26	22.082 0	26.213 3	0.709 6	0.886 0
D27	21.935 7	25.909 2	0.709 0	0.885 9
D28	21.882 5	26.343 9	0.681 5	0.888 1
D29	22.031 0	26.287 9	0.651 6	0.890 5

从上述结果可以看出，删除上述任何一个题目，只会降低总的 α 信度系数，即任何一个调查项目都应该保留。本问卷的 α 信度系数是 0.900 3，单项与总和的相关系数都在 0.6 以上，同样，可以认为这份直选后态度量表是一份信度较高、有效的量表。

（四）直选前后态度差异性分析

直选前和直选后村民对直选的态度变化是很明显的。直选前村民对直选的期望较高，直选后村民对直选改善农村状况的结果评价明显降低。

（1）认为直选能选出好干部的村民从直选前的 77.7% 下降为直选后的 55.2%，下降幅度为 22.5%；说不清的从 14.1% 增加到 27.6%，不同意这种观点的则从 8.2% 增加到 17.2%，增长了一倍多。通过调查发现的这些问题必须引起人们的重视，对直选选举出好干部的认同率下降了将近 1/3，说明直选 20 个月后，村干部的表现并未给村民留下普遍良好的印象。但从另外的角度看，如果“不同意直选选出好干部”的村民比例可以理解成村民不满意村干部比例的话，那么，在任期接近2/3的时间段后，村民不满比例虽然增长至17.2%，但应该属于较低的比例。

（2）认为直选有利于村的稳定的村民从直选前的60.9%下降为直选后的43.9%，下降幅度为17.0%，说不清的从20.3%增加到35.8%，不同意这种观点的则从18.8%增加到20.3%。直选前村民对直选有利于村的稳定的期望不是很高，直选后评价更低。与前文提到的“选举的结果可以告诉少数派自己的力量状况，使社会得以稳定”的观点表象看起来有些不一致。应当说，民主必然导致社会的分化，而维护社会的稳定不能仅仅依靠民主，达到融合还需要道德法律的约束。每隔一段时间进行的换届选举，把一些引起社会不稳定的能量释放出来，以重新恢复原来的稳定状态。

（3）认为直选能改善镇政府与村关系的村民从直选前的50.9%下降为直选后的39.4%，下降幅度为11.5%，说不清的从32.3%增加到44.0%，不同意这种观点的从16.8%到16.6%，基本不变。这是9组参数中变化较小、最稳定的一组数据。它说明村民对镇政府与村的关系了解得并不多，没有像其他与自身生活经常联系在一起的事情那么容易感受到，因此态度变化比较稳定。

（4）认为直选能改善干部与群众关系的村民从直选前的69.7%下降为直选后的40.7%，下降幅度为29.0%，说不清的从23.0%增加到43.6%，不同意这种观点的则从7.3%增加到15.7%，增长了一倍多。

（5）认为直选能改善村干部内部关系的村民从直选前的53.9%下降为直选后的35.5%，下降幅度为18.4%，说不清的从33.7%增加到45.7%，不同意这种观点的则从12.4%增加到18.8%。

（6）认为直选能改善村里群众之间关系的村民从直选前的55.4%下降为直选后的41.7%，下降幅度为13.7%，说不清的从33.0%增加到39.7%，不同意这种观点的则从11.6%增加到18.6%。从另一项调查来看，村民之间关系的调整和重新组织确实与直选有关，直选既造成了村民的分化，也会影响村民之间关系的改善。在问到“直选时，村民是不是按姓氏房界等封建势力划分”时，回答“是的”的村民178名，占38.9%；回答“不是”的村民278名，占60.8%；

无回答1名。可见，农村在实施直选后，村民的分化程度很高，并且这种按封建势力划分的分化对经济市场化和社会现代化极为不利，对农村的稳定局势更为不利。

（7）认为直选能改善干部廉洁情况的村民从直选前的48.8%下降为直选后的35.7%，下降幅度为13.1%，说不清的从33.0%增加到38.8%，不同意这种观点的则从18.2%增加到25.5%。通过村民直选改善村干部的廉洁状况，直选后支持和反对这种观点的村民比例接近，前者只比后者多出10个百分点，显示村民对此分歧力量相当。在一项村民最反感的村干部行为的调查中发现，办事不公、大吃大喝和贪财分别占前三位，而反感村干部不廉洁行为如大吃大喝和贪财的比例达41.9%，见表3-13，说明村民对村干部的廉洁状况十分敏感。

表3-13 你最反感村干部哪些行为

	第一重要		第二重要		第三重要		加权
	频数	百分比	频数	百分比	频数	百分比	百分比
大吃大喝	175	38.3	21	4.6	36	7.9	22.0
贪财	61	13.3	153	33.5	56	12.3	19.9
办事不公	120	26.3	112	24.5	124	27.1	25.8
作风粗暴	26	5.7	75	16.4	37	8.1	9.7
追承包欠款太紧	7	1.5	11	2.4	12	2.6	2.0
抓计生殡改等太认真	8	1.8	11	2.4	15	3.3	2.3
不管事	52	11.4	66	14.4	149	32.6	15.9
其他	0	0.0	0	0.0	22	4.8	0.8
缺失	8	1.8	8	1.8	6	1.3	1.7
合计	457	100.0	457	100.0	457	100.0	100.0

（8）认为直选能促进村里经济发展的村民从直选前的49.6%下降为直选后的29.7%，下降幅度为19.9%，说不清的从33.5%增加到43.2%，不同意这种观点的则从16.9%增加到27.1%。这组数据中支持和反对的比例只相差2.6%，而且支持“直选促进村里经济发展”的村民比例还不到30%，在9项调查结果中此项的支持率最低。

（9）认为直选能促进村务公开的村民从直选前的54.2%下降为直选后的37.3%，下降幅度为16.9%，说不清的从32.4%增加到39.8%，不同意这种观点的则从13.4%增加到22.9%，增长近一倍。

以上9项内容都分别进行了卡方检验，并全部通过。第一项至第九项的Pearson Chi-Square值分别是53.713、40.878、42.616、87.801、36.028、30.609、30.635、48.466、29.806，p值小于0.01，表明直选前和直选后村民的态度有显著差异。9项调查都分别证明，村民在直选前对直选的期望较高，直选后则显著降低了。①

用李克特总加量法重新对上面9项调查的数据进行处理，结果更简单明了。按前面提到的统计分析办法，各项调查的数据总分为态度综合变量，分为5种类型：①9～16分（代表正面）；②17～23分（代表正面）；③24～30分（代表有好有坏说不清）；④31～37分（代表负面）；⑤38～45分（代表很负面）。结果见表3－14。认为直选能起正面作用（包括很正面）的村民从直选前的58.0%下降为直选后的41.4%，下降幅度达16.6%；不认为直选能起正面作用（包括很负面和负面）的村民则从6.6%增加到15.5%，增长一倍多。同样对新获得的态度综合变量进行卡方检验，Pearson Chi-Square值是42.837，p值小于0.01，结果也证明直选前和直选后村民的态度（综合变量）有显著差异。

① 在作直选前后态度的对比分析时，采用了列联表。作检验时用的是所有的数据，缺失数据被系统自动处理掉，所以，在本检验中总的数据小于总样本数457，但是不影响总的分析结果。

表 3-14 直选前和直选后态度综合量表比较（%）

	很正面 ①9~16 分	正面 ②17~23 分	说不清 ③24~30 分	负面 ④31~37 分	很负面 ⑤38~45 分	缺失
直选前	17.1	40.9	34.6	6.6	0	0.9
直选后	6.8	34.6	42.2	15.5	0	0.9

用以上的李克特总加量法获得的态度综合变量结果与用简单算数平均法计算上面 9 项调查的数据结果也很相近。直选前态度综合变量正面（包括很正面）、说不清、负面（包括很负面）的比例分别是 58.0%、34.6%、6.6%，简单算数平均法则分别是 51.9%、34.5%、13.6%；直选后态度综合变量正面（包括很正面）、说不清、负面（包括很负面）的比例分别是 41.4%、42.2%、15.5%，简单算数平均法则分别是 39.5%、40.4%、20.1%。两组数据相差甚微，李克特总加量法获得的态度综合变量分布比用简单算数平均法计算的数据分布有左偏（即偏正面评价）现象，可能与各题权重有关。

（五）直选后的满意度

如果我们把民主作为问题解决机制，那么实行村民自治后，对农村问题解决的情况便是评价农村村民自治绩效的依据。我们可以从社会发展的抽象目标出发，如实现经济繁荣、政治民主、社会文明等，然后再具体化。也可以围绕当前“三农”突出的具体问题，如经济发展、村务公开、集体财务、干群关系、干部作风、社会秩序、村民关系、社区融合等展开农村问题测量。干部素质高低，社区是否稳定，镇政府与村委会、村干部与群众、村干部内部及村里群众之间几方面的关系能否改善，干部廉洁情况如何，村里（包括集体和个人）的经济发展怎样，是否促进村务公开 9 个方面的内容设计，既是围绕中国共产党的基本路线规定的奋斗目标确定的，也是按照《村民委员会组织法》对村民委员会的职责要求而设计的。应当说，这 9 个方面的内容已经基本包含了影响农村社区治理不同方面、不同层次的因素，在理论上是有效的。

实际使用这个调查问卷的结果，效果也能说明前面的假设。我们先测量村民直选前对村民自治的期望，即村民直选前预期村民自治能解决农村问题的态度，以及直选后村民对村民自治实际解决农村问题的情况的评价。村民的期望和对结果的评价，即直选后（村务实际运作一段时间后）的态度和直选前的态度的比值就成为村民对村民自治的满意度。从前所述可以知道，直选前认为直选能起正面作用的村民是 58.0%，直选后此项比例下降为 41.4%。直选后的态度（41.4%）比直选前的态度（58.0%）消极，即满意度为 0.71。问卷还设计了另一项调查，以验证建立的村民自治绩效量表的一致性，见表 3－15。在回答“你认为村官直选好不好?”的问题时，认为“村官直选好”的村民占的比例是 69.8%，与上面的数据满意度 0.71 很接近，说明村民自治的绩效量表的结构与整体一致性程度高。

表 3－15　你认为村官直选好不好

	频数（人）	百分比（%）
不好	136	29.8
好	319	69.8
无回答	2	0.4
合计	457	100.0

（六）村干部与村民对直选态度的差异分析

村干部和村民都支持村官直选，两者的态度是一致的。虽然在对待农村民主化改革的观点上，学者们存在一些差异，但在某些方面却有惊人的相似，如在干部和群众对直选的态度的理解上，学者们都认为干部是农村民主化改革的阻力，与群众对直选的支持态度明显不同。本调查对此作了调查分析，结果见表 3－16。

表3-16　干部与群众支持直选态度分析表

	直选前		直选后	
	频数	百分比	频数	百分比
干部	20	80.0	13	52.0
群众	322	74.5	248	57.4

从表3-16可以看出，持支持直选态度的干部直选前比例为80.0%，比群众的74.5%高5.5%；直选后干部的比例为52.0%，群众为57.4%，干部比群众低5.4%。直选前后干部的态度波动比群众大。干部与群众支持直选态度的结果可以用“你认为村官直选好不好?”的测量结果描述，结果见表3-17。

表3-17　干部和群众对直选态度比较

	无回答	直选不好		直选好	
		频数	百分比	频数	百分比
干部	1	9	36.0	15	60.0
群众	1	127	29.3	304	70.3

从表3-17可以看出，干部和群众对待直选的态度在数据上确有不同，群众支持直选的比例比干部高10.3%。这个结果是否可以说明干部与群众对直选的态度差异还需作显著性检验。也就是考察干部和群众对待村官直选这个态度的一致性问题，检验结果见表3-18。

表3-18　干部和群众对直选态度差异显著性比较

	村官直选好	村官直选不好	合计
干部	15（16.83）	9（7.17）	24
群众	304（302.17）	127（128.13）	431
合计	319	136	455

注：表中采用有效样本数据，括号中数据为预期频数。

给定 $\alpha=0.05$ 时，卡方值为 3.841。由表 3－18 的数据可以计算出卡方值为 0.703 1，小于给定卡方值，故认为干部和群众在村官直选的态度上是一致的，因而统计数据上的差别并没有显著差异。这是本项研究需要特别说明的问题。

二、产生态度差异的原因

根据调查的结果，村民在直选前对直选能带来的好处普遍抱着很高的期望，而在直选后（调查时距离选举时已经近两年，即新一届村民委员会实际开展工作已经近两年）对直选能带来的好处评价却显著降低。在这段时间里，造成这种态度变化的原因是什么呢？

首先可以排除知情方面的因素。83.8% 的村民基本了解村民自治的基本原则，对这场政治活动的规则是了解的，而对于村委会候选人的了解应当是很熟悉的。因此村民对村民自治的态度和评价是建立在对规则基本了解和对干部人选相当了解的基础上的。

其次，可以排除村民不正确对待直选的态度和行为的因素。67.4% 的村民是因为支持某人而参加投票的，72.2% 的村民认为影响村民选择的行为是宣传治村主张，选择投票支持有能力者和品行好的人的比例达 71.3%，86% 的村民按自己的意见投票。统计数字表明，村民参加直选村民委员会的态度和行为是自主、理性和健康的。

再次，可以排除村里没有合适的干部人选的因素。调查中，认为直选能选出好干部的村民比例，直选前为 77.7%，直选后为 55.2%，明确的正面评价仍然超过半数。直选后不认为直选能选出好干部的村民占 17.2%，虽然有增长，但总的比例并不高。因此，可以说明多数村民主观上认为他们选择的人是合适的干部人选，选出来的干部是多数村民所认同的最优选择。

另外，村民对多数人当干部的动机理解比较正面，可以排除村干部负面的工作动机因素。在对村民的调查中，选择“多数人当干部的动机是能够为民办事”的占 24.5%，排在第一位。在第一重要选项中，认为多数人当干部的动机主要是能够为民办事的比例高达 40.3%，远远高于其他选项，见表 3－19。

表 3-19 你认为哪些是多数人当干部的主要动机

	第一重要		第二重要		第三重要		加权
	频数	百分比	频数	百分比	频数	百分比	百分比
能够为民办事	184	40.3	53	11.6	13	2.8	24.5
能显示自己的才能	52	11.4	89	19.5	19	4.2	12.9
能福荫亲朋	38	8.3	48	10.5	33	7.2	8.9
能出人头地	18	3.9	49	10.7	69	15.1	8.0
信息灵、门路广	119	26.0	118	25.8	60	13.1	23.8
可以较好发展自身经济	17	3.7	35	7.7	82	17.9	7.4
可以多吃多占	19	4.2	45	9.8	33	7.2	6.6
其他	2	0.4	10	2.2	137	30.0	5.9
缺失	8	1.8	10	2.2	11	2.4	2.0
合计	457	100.0	457	100.0	457	100.0	100.0

综上所述，影响村民直选前和直选后的态度变化的因素应该是选举后村务的运作，而村务的运作主要取决于村干部的实际能力和村委会职能的实际内容。

（一）期望和现实不一致

调查表明，村民对村干部的实际能力和村委会职能的实际内容的理解，期望和现实之间存在较大差距，即现实状况没有符合村民的期望。

1. 村民对村干部的期望与现实不一致

村干部是村民的领头人的意识依然深深植根在农民的潜意识中。在对“什么人适合当村干部”的调查中，村民对所列的 8 个条件按重要程度选择三项，结果排在第一位的是能带领村民致富的人（占 26.3%），第二位的是敢为村民说话的人（占 25.4%），第三位和第四位的分别是年轻人和办事公道的人（占 17.6% 和 10.4%）。排在前两位的选择，充分反映了村民需要的干部是能够为村民遮风挡雨、能带领村民奔康致富的保护者和领头人，理想化倾向明显，见表 3-20。

表3-20 什么人适合当村干部

	第一重要		第二重要		第三重要		加权
	频数	百分比	频数	百分比	频数	百分比	百分比
办事公道	83	18.2	1	0.2	34	7.4	10.4
敢为村民说话	147	32.2	105	23.0	45	9.8	25.4
带领村民致富能力	114	24.9	151	33.0	78	17.1	26.3
忠厚老实待人和气	9	2.0	20	4.4	48	10.5	4.2
同宗族、亲朋好友	14	3.1	23	5.0	32	7.0	4.4
党员干部	0	0.0	10	2.2	10	2.2	1.1
年轻	60	13.1	88	19.3	125	27.4	17.6
较有文化	24	5.3	53	11.6	79	17.3	9.4
缺失	6	1.3	6	1.3	6	1.3	1.3
合计	457	100.0	457	100.0	457	100.0	100.0

2. 村民对村委会职能的期望与现实不一致

在对“最希望村里推行的事”的调查中，排在前三位的是：替村民找农产品销路、不用交税、请农技员指导生产，分别占26.9%、26.7%、19.4%，见表3-21。由此说明，村民比较注重村民委员会为村民提供服务的职能。

表3-21 最希望村里推行的事是哪些

	第一重要		第二重要		第三重要		加权
	频数	百分比	频数	百分比	频数	百分比	百分比
不用计划生育	28	6.1	0	0.0	28	6.1	4.1
不用殡改	23	5.0	38	8.3	13	2.8	5.7

（续上表）

	第一重要		第二重要		第三重要		加权
	频数	百分比	频数	百分比	频数	百分比	百分比
不用交税	223	48.8	25	5.5	13	2.8	26.7
替村民找农产品销路	117	25.6	174	38.1	39	8.5	26.9
请农技员指导生产	41	9.0	161	35.2	87	19.0	19.4
帮助解决劳力出路	14	3.1	43	9.4	213	46.6	12.5
集体分红	4	0.9	8	1.8	33	7.2	2.3
其他	1	0.2	3	0.7	25	5.5	1.3
缺失	6	1.3	5	1.1	6	1.3	1.2
合计	457	100.0	457	100.0	457	100.0	100.0

在对“村干部能做好的事”的调查中，可以看到排在前三位的是：维护村里秩序、落实计划生育等政务、调解村民纠纷，分别占24.1%、16.8%、16.6%，这些主要是保持农村社区秩序的管理职能，以及协助政府完成政务工作等准行政职能，而为村民提供生产和生活服务的职能如解决劳力出路、发展村集体经济、带领村民致富、办好村内公益事业等却排在后面，分别只有8.6%、4.0%、13.4%、13.0%，见表3－22。这显示了现实中村民委员会所能承担的实际职能，也反映出村民对村委会职能的期望与现实不一致，存在很大的差距。村民期望村民委员会更多地为村民提供生产和生活的服务功能，但村民委员会实际能做好的事却是社区管理职能和乡镇政府延伸下来的行政职能。

表 3－22　哪些是现在的村干部能做好的事

	第一重要		第二重要		第三重要		加权
	频数	百分比	频数	百分比	频数	百分比	百分比
维护村里秩序	160	35.0	69	15.1	42	9.2	24.1
带领村民致富	60	13.1	84	18.4	20	4.4	13.4
解决劳力出路	31	6.8	52	11.4	39	8.5	8.6
调解村民纠纷	61	13.3	109	23.9	53	11.6	16.6
办好村内公益事业	19	4.2	91	19.9	116	25.4	13.0
发展村集体经济	5	1.1	25	5.5	44	9.6	4.0
落实计划生育等政务	111	24.3	13	2.8	101	22.1	16.8
其他	2	0.4	3	0.7	33	7.2	1.6
缺失	8	1.8	11	2.4	9	2.0	2.0
合计	457	100.0	457	100.0	457	100.0	100.0

（二）干部队伍能力偏低

村民期望村干部能做好符合他们愿望的事情，却认为村干部并没有做好这些事情，显示出村干部队伍的实际能力偏低。村民最希望村里推行的事是替村民找农产品销路、不用交税、请农技员指导生产等服务职能，而村民认为村干部能做好的事情却是维护村里秩序、落实计划生育等政务、调解村民纠纷。应当说，比起村里秩序管理，为村民提供服务如替村民找农产品销路、解决劳力出路、发展村集体经济、带领村民致富更难，村干部要完成这样的任务的确不容易。在“什么人适合当村干部”的调查中排在第一位的是带领村民致富（占 26.3%），而在“村干部能做好的事”的调查中，带领村民致富却排在了第四位（占 13.4%），相差 12.9%。显然，比起村民的要求，村干部的能力明显偏低。

上述调查资料和分析显示，村民认为当前的村干部应该是能带领村民致富、敢为村民说话、年纪轻和办事公道的人，是能替村民找农产品销路、减轻村民负担（问卷回答为不用交税）、请农技员指导生产的人。而现实村民的评价则是，村干部主要是能维护村里秩序、落实计划生育、调解村民纠纷的人。村干部不能满足村民的期望，势必造成村民的失望，失望积累起来就成为不满，不满多了矛盾就会加深，最终引起冲突。

另外，政府对村民委员会的要求则是通过法律、法规的规定，以及通过政策和政府机构，特别是乡镇政府的具体要求体现出来。由来已久的镇村矛盾，正是因为村级组织在履行各项职能及完成各项工作任务（包括不合理任务）方面不能达到乡镇政府的要求而造成的。排除政务中可能包括不合理任务的因素，最重要的原因是当村委会不履行或履行不好法律、法规规定的职责时，由于乡镇政府法定的手段是指导、支持和帮助村民委员会开展工作，导致很难矫正村民委员会的行为，但现实运行中责任又要乡镇政府承担，因而镇村关系存在着体制和实际运行模式带来的利益矛盾。所以，当前农村社区治理问题的本质原因就是政府和村民对村干部的能力要求期望过高与村干部的现实能力偏低的矛盾。正是这个原因贯穿于整个村民委员会的村务运作当中，使村民在直选前和直选后对村民自治的态度和评价发生了显著变化。通过调查分析，针对以上的原因，从逻辑上可以简单地认为只要降低政府和农民对村干部的期望值即可。从政府方面来看，就是不要把自己应当承担的责任推给村委会，也不要以为村干部一定能够干好；从农民方面来讲，就是要靠自己，不要过分依赖村干部，也不要以为村干部能帮助村民做很多事。显然，这不是负责任地解决农村社会治理问题的态度。虽然我们总是说，计划经济时期政府管了许多不该管、管不了也管不好的事，但说这些话的前提是，对于这些事务社会能比政府管得更好更有效。假如社会也管不了、管不好呢？难道政府不该管起来吗？至于管不好，不能成为不管或下放的理由，而只能是通过解放思想、转变思路，在共同发展的前提下靠多想办法来解决有效治理问题。

当然，本次的调查总体只是一个县，数据也只能代表这个县，对于更大范围来说这些数据代表不了什么。但是，这些数据能使我们冷静地看到，村民自治的理想与现实确实仍存在着一定的距离。究竟是什么原因造成农村村民自治还存在着这些距离？我们不能停留在浅层次上寻找，还得进行更深层次的研究。

第四章 村民自治的理想与现实

《村民委员会组织法（试行）》已经颁布了20年，在该法正式生效后，全国农村并没有立即出现一个全面推进村民自治的局面。各省、市、区制定本地区实施办法的进程先后不一，有的地方积极推进，有的地方则按兵不动、等待观望，也有的地方不进反退。在中国共产党执政的时期，全国的政令一直都保持高度的统一，而在《村民委员会组织法（试行）》的实施上，却表现出如此大的反差，这说明在执政集团内部的意见是有较大分歧的。首先，对一直没有积极推进以村民直选村委会干部为主要特征的村民自治的省、市、区，人们总感到那里的地方领导有些保守，尽管这些省、市、区中包含了处于改革开放最前沿的广东省。人们或者不仅仅感到保守，还可能认为那里的干部有点与人民群众相脱离的倾向。正如仝志辉所说，“民主首先具有意识形态上的正确性，怀疑什么似乎都不能怀疑民主。其次，在实践层面上，法律、政策和农民的行动都在支持民主。再次，在我的研究得以立足的政策圈和学术圈，民主似乎也是不容挑战的共识”①。于是，全国在“不能怀疑民主”和“不得不不能怀疑民主”的思想指导下，终于在1999年全面推行村民自治。正因为有“不得不不能怀疑民主”的思想，才使得相信民主能解决农村问题的人们，怀疑在实施村民自治以后出现的问题是某些

① 仝志辉．“后选举时代”的乡村政治和乡村政治研究．“中国农民组织建设国际研讨会”论文集．2008

基层干部消极对待村民自治造成的。由于民主具有的意识形态上的正确性，也使村民自治中出现的问题可以归结于没有严格按照村民自治的要求而实施的结果。到目前为止，这种思想状况仍未改变，所以对村民自治期间的农村问题溯源的讨论分歧较大，积极民主化观点占尽优势，可惜无论是何种观点，在现实中都难以较好地解决农村问题。由此可知，对农村问题的研究态度应当不用再争论，因为在意识形态层面的争论对农民来说没有多大的帮助。更加现实一点的态度就是承认民主具有的意识形态上的正确性这一点，然后对村民自治中出现的问题进行分析，问题解决才能从意识形态层面推进到技术操作层面，再从技术操作层面反思意识形态指导，这样对理论研究的学术意义和对农民的现实指导意义才有帮助。基于此，通过许多村民自治的研究资料，村民自治实践有许多问题会重新引发更多的思考和启发。因为我们的目的是为了促进农村的发展，所以这种思考和启发便侧重于对存在问题的把握，这种把握可以称作是对村民自治的误差研究。村民自治的误差主要从村民自治的制度设计与民主理念的比较、村民自治的制度设计与实施结果的比较两方面取得。与民主理念的比较可以在价值层面获得设计误差，与实施结果的比较可以在操作环节获得操作误差。

从村民自治的实施到今天，国家推行村民民主自治的态度一直非常坚决，村民自治的制度设计也一直在不断地改进，目的都是为了通过村民自治的民主化实践，完成传统乡村社会向现代社会的转型。然而，村民自治实践的结果，能够用村民自治就是民主自治来作结论吗？如前所述，民主行为需要独立自主的参与，村民自治中农民政治参与的独立性其实一直是受到怀疑的。笔者对农民政治参与的独立性也作了小范围的实证调查（见第三章的调查资料），目的是获得农民个人政治参与独立性差的统计资料依据，因为这样的案例很多，个别访谈时也可以清楚地看到，但在规范的调查时，却没有获得支持的调查资料，得到的竟然是相反的调查资料。这里面的原因也许是调查问卷设计和调查人员的调查方法问题，也许是被试没有表达真正意思，也许还有其他未明的原因，但确实有很多人观察到，村民自治中农民的政治参与独立性并不够，他们受到许多力量的左右。同样，有人注意到在这些影响力量中，除了正式组织的体制性力量如党组织和村委会外，最普遍的较为重要的影响因素就是宗族力量和精英力量。

第一节　村民自治与宗族影响

一、宗族的功能和作用

宗族是历史的产物，是人类作为社会性动物的历史遗留。在生产力低下的远古社会，人类的生存必须以社会化协作完成，而社会化协作的自然基础就是“亲邻”。人类社会由血缘的“亲”关系来组织社会，是与人类同时产生、同时传承下来的，那时血缘的“亲”关系与地缘的“邻”关系是统一的。宗族聚族而居正是这种亲邻关系的统一，不存在血缘与地缘之间哪一个是组织社会结构的主导力量的分别。对于中国，特别是在被认为宗族较为旺盛的中国东南地区，暂且以“宗族是由同一祖先繁衍下来的人群，通常由共同财产和婚丧庆吊联系在一起，并且居住于同一村庄”来定义。那么，以单亲继嗣为核心内容的宗族，因为它“不是血缘关系的直接体现，而是各地的人类利用血缘关系所进行的文化建构”①。可见，宗族其实仅仅是人类作为社会性动物为了自身的生存目的，在组织社会方面出于操作方便的需要的一种简单化的“亲邻制度”安排。

无论是“无国家的社会”中的宗族、上层特权阶层的宗法制宗族、庶民化宗族及礼俗性宗族四种形态的哪一种，都是“亲邻制度”在不同历史时期的具体表现，“亲邻制度”表现为宗族制度是由生产力发展水平和国家乡里制度的不同所决定的。用“亲邻制度”的表述是因为后来有“亲”与“邻”分离和“邻”对“亲”的功能替代。宗族制度的分析回到“亲邻制度”的起点，有助于减少血缘与地缘之间谁是组织社会结构主导力量的争议，也可以减少宗族到底会不会随着社会的发展而消亡的争论（注：从这一点看显然上面的宗族概念过于狭

---

① 朱炳祥．村民自治与宗族关系研究．武汉：武汉大学出版社，2007．22，24

窄），由此可以帮助加深对宗族制度的理解，以免对宗族概念产生误解。

在母系社会和父系社会时期，人类就是按“宗”（女宗和男宗）的“亲”（血缘）关系来组织社会的，“亲”关系与“邻（居住在一起的地缘）”关系合一。初期工商业的产生，第一次导致“亲”与“邻”分离，即工商业的出现导致城镇的出现。城镇化虽然不排斥“亲”组织，但其本质是按产业性质来组织居住方式的，于是，在经济比较发达的城镇或新的城镇，往往不是宗族聚居，在这些地方，宗族的功能由“邻”替代了。“远亲不如近邻”应当不是源于从事种养业的农村居民的俗语，它更像是源于没有宗族互助的城镇居民的感叹。随着现代城市的发展，“邻”的互助功能也被社会化服务所替代。这样，原来由亲情这种血缘联系的、由直接劳动表达的互换互助和救济的功能，被由邻里这种特定的地缘联系的、由直接劳动表达的互换互助和救济的功能所替代，之后再被由社会化的泛化的地缘联系的、由货币间接表达的互换互助和救济所替代。如果说早期城镇化的平面化居住方式尚能够使邻里关系对亲缘关系的替代成立的话，现代城市的立体化居住方式则使邻里关系难以再恢复，社会化服务对邻里互换互助的替代也加速了。

不管是叫做“亲邻制度”还是“亲邻互助制度”，“宗族制度”还是“宗族互助制度”，或者是现代社会的“社会化服务制度”，这些社会组织形式的产生都源于人类自身利害关系的历史选择。弱小的人类个体需要协作以组成强大的人类社会群体，这是每个个体利害关系的一致性选择，正是这种利害关系决定了人类社会的组织形式，同样是利害关系的指导完成每一种制度的变迁和锁定，并继续酝酿下一次的制度变迁，周而复始。也许“亲邻制度”概念对现阶段的宗族研究会更准确一点，但分析农村村民自治中政治动员的诸多现象，采用“宗族制度”概念也许大家更熟悉，对分析农村政治动员力量有更简化的好处。因此，本书仍沿用“宗族”概念，但其含义也包含“亲邻”的意思。

许多有关中国村民自治的研究都特别关注宗族在村民自治中的影响现象。有的认为宗族在现实中对村民自治的影响并不大，在政治上宗族对村民自治是“弱表达”[1]；有的则认为宗族的影响已经阻碍了村民自治的健康发展。不管现实中宗族力量是否对村民自治有重大影响，都要重视宗族对村民自治发展的影响问题。笔者注意到，在认为宗族已经严重左右着村民自治的选举结果的观点中，提出村民自治应当警惕宗族力量也好，怀疑村民自治是否合适也好，或者认为宗族在村民选举中并没有太大的影响力的观点也好，多数都是来自对实证研究的现象观察的解析。观察到宗族已经严重左右着村民自治的选举结果现象的不必大惊小怪，观察不到的也不要认为所观察的样本以后不会出现这种情况。之所以这么说，是因为村民自治的实施确实带来了农村的民主化形式，但是否具备民主化的实质尚待研究。同时，农村目前的民主化形式，并没有设定公开竞争程序，所以竞争很不规范，许多真正的人才并不愿意参与不规范的竞争选举。如果有了选举的公开竞争程序，那么村民选举会是什么样的情形呢？一些宗族力量对村民自治的“弱表达”现象的研究样本中，有的是村民对政治参与的冷淡，有的是没有宗族势力的参与，有的是村民有较好的理性，有的是体制力量强大，等等。其实都是一种没有竞争或竞争较小的选举情形。在竞争性民主的情况下，必然带来政治动员，而政治动员也必然带来选民的重新组织。在现阶段下，宗族原有的政治功能和经济功能确实已失去其存在的基础，宗族在农村中确实更多的只有文化的功能和社会生活的交往功能。但宗族所失去的政治功能，通过文化价值功能和社会交往功能是可以被激活的。说宗族力量决定了村民自治的结果，不是宗族领袖必须成为村委会的干部，也不是宗族推出的代表人物必须成为村委会干部，这些特征是属于庶民化宗族时期宗族政治功能的表现形式，当前宗族政治功能的表现形式是宗族成为农村村民自治选举中最有影响力的政治动员力量。其动员机制通常是，想成为村委会干部的村民利用宗族力量，而不是由宗族派出村干部候选人，由宗族力量对村民进行政治动员，在选区内按宗族势力重新组织选民，统一宗族内选民的意见，采取统一的行动。这是目前的正式体制力量无法阻止的情形。所以说，只要在村民选举中出现竞争的情形，那么宗族力量就将成为农村中

---

① 朱炳祥．村民自治与宗族关系研究．武汉：武汉大学出版社，2007．100～118

最主要的政治动员力量，村民选举将成为宗族力量角力的场所。只要竞争性民主在农村中成为常态，宗族力量成为农村中最主要政治动员力量就将是农村村民自治的常态；反之，如果村民选举不是竞争性选举，宗族力量对村民选举就可能是弱表达，也可能不是弱表达。不仅如此，在没有竞争的情况下，除了主导选举的体制力量因素外，任何其他因素，包括理性和非理性的因素在村民民主选举中都将是弱表达。

二、宗族在农村中的新表现

将当前的宗族形式概括为礼俗性的宗族形式，并认为它不是庶民化宗族形式的回归的观点是可以接受的。许多农村正是这样，宗族的影响更多地体现在社会交往活动和文化观念上，但有了村民自治后，它必然会影响村民自治的方向，而且村民自治给了宗族力量一个复苏和表达的场所，随着时间的推移，宗族影响因此得到强化。

其实，在人民公社解体后，宗族的重新抬头是从村庄的“长老会现象”开始的。在目前的中国农村，“长老会”现象已十分普遍，成为影响农村社会的重要社会力量。提及当前的农村宗族，不得不对“长老会”现象，从性质、作用范围、产生原因等角度进行分析评价。

1. “长老会”的性质

中国历史上都尊奉长者，长者经常作为农村基层社会治理的可利用资源而得到当时统治者的重视。任用老人治理基层社区的渊源可以追溯到汉代掌教化的“三老”，以及明代朱元璋创立的老人制。这些时期是老人主导村政事务的重要时期，其他时期老人的作用相对弱化一些，但都有老人干预基层社区事务管理的传统。当前的“长老会”已不可能有以前的显赫作用，但历史文化的影响仍然会不同程度地表现出来。农村“长老会”其实就是由定居在同一自然村落中的老人组成的民间组织，通常以“老年人理事会”、“老年人活动室”的名称出现，少数以“老人协会”、“老人组”、“基金会”、“联谊会”等其他名称获准社团登记取得合法地位成为群众团体，多数没有社团登记，在法律意义上属于非法组织。在由不同姓、不同宗农民聚居的村落，它由各个以同姓同宗老人组成的次级“长老会”联合而成。“长老会”一般有一个以会长、理事长为首的领导机构，负责“长老会”的具体事务。实质上，“长老会”就是一个宗法组织，它是现阶段农村宗法组织的主要存在形式。

2. “长老会”的作用范围

农村中这种以“长老会”为名的宗法组织目前发挥着以下几种作用：

（1）主办各种传统宗族风俗和文化活动。诸如组织同宗同姓同村的人在祠堂和祖墓地祭祖等祭祀活动，在乡间游神、显示人丁兴旺的各种仪式风俗活动，主持修建宗族纪念和活动场所，还有修订族谱村志等文化活动。这些是“长老会”最普遍的功能。

（2）协办农民丧葬活动。“长老会”根据本村、本区域或本宗族的习俗，参与农民的丧葬事务。一般会根据丧主的经济条件或要求，确定活动的规模和档次。有时也会组织本族、本村其他人捐资互济互助。

（3）以村里民间代表和共同利益代言人的身份对外协调某些事务，联络多种社会关系。

（4）协调处理宗族成员乃至村民间的利益冲突和纠纷。

有些“长老会”，已僭越了村级组织职能甚至国家司法权力。有的对生产经营活动实施干预；有的对农民实行强制性摊派；有的组织群众上访，堵塞交通，冲击机关、单位，制造群体性事件；有的煽动、挑起、组织村民宗族间、村际间的仇斗；有的同恶势力相勾结，成为恶势力的保护伞；有的甚至与政府、与司法机关暴力对抗。

3. “长老会”兴起的原因

以“长老会”为主要组织形式的农村宗法组织的兴起有其现实的原因：

（1）在政治方面，农村的政治体制经过几次改革后，国家基层政权和农村基层组织的职能已发生了较大的变化，从过去对农村社会和农民生产、生活的全方位领导到逐步减少了其直接干预的范围，行政权力的收缩留出了权力空白，习惯于被支配的农民必然要求有其他社会权威承担这留出的权力空白。

（2）在经济方面，农村仍然以农业为主，脆弱的农业和低下的生产力水平决定了农民在生产生活上需要彼此的互助；另外，不发达的农业生产社会保障体系也无法使农民改变原来的模式以承受来自各方面的生产灾害，因而依赖血缘、地缘提供的生产和生活的互助容易使宗法组织重新萌生。

（3）在思想文化层面上，传统文化根深蒂固，按儒家礼治的观点，国家机器和宗法组织只是社会统治结构中层次高低的分别，农村宗法组织被当作国家权力的延伸。依赖家长制、宗法制处理某些社会事务的思想仍然存在，礼法即使与法律、法规相左也不会就此淡出农村社会。

（4）在社会生活上，由于强控制的减弱，利益冲突的多样化，需要有超越家庭以上层次的力量协调一些社会关系，宗法组织应运而生了。

在众多的原因中，生产力水平和定居方式是宗法组织形成的最重要因素。首先，由于农村的改革带来的生产力发展仍然无法把农业生产力提高到一个新的水平，农业生产力水平以农业生产的组织形式、市场化程度和抗自然灾害的能力为标志。目前的农业仍然是家庭式经营，多数无法按现代市场的规律安排生产，未能实行企业化经营，抵御自然灾害的能力相当脆弱，且缺乏社会化的保险机制以分散风险，因而农民仍然有传统农业所必需的互助要求。其次，农村多以宗族聚居而成，迁徙受限制。聚居形成的共同利益逐渐演变成了宗族利益。再加上社会生活自由化和传统文化的共同影响，以“长老会”为主要形式的宗法组织既然有需要又没有被限制，故不但能生存而且将会扩大其影响力。

农村“长老会”从产生以来，多数也曾协助基层组织发挥了一些积极作用。但总体来看，负面作用大于正面作用。几乎农村所有的社会不稳定事件都与“长老会”有关。农村不稳定事件中有些固然有某些基层干部腐败、处事不当等多种原因，但与“长老会”等宗法组织在其中推波助澜往往分不开。“长老会”往往采用非法途径，通过社会舆论、策动、操纵、直接组织等方式制造了一起又一起事端，使社会正常秩序受到严重的挑战。从更深层次来看，封建的人身依附正是通过宗法组织的干预得以实现的，而人身依附是我们当前发展市场经济和政治民主的最大敌人。人身依附与封建生产关系相适应；市场经济则要求和培养独立人格。可以说，人身依附与现代化社会特别是推行民主政治绝对是水火不相容的。

从长远看，随着农村的城市化和生产力水平的提高，宗法组织赖以生存的土壤将被不断削弱，因而，应在农村尽快完成传统农业向现代农业的转化，加快农村的城市化步伐。城市化使城市居民可以脱离传统的社会关系而完成自身的生存和发展。农村社区中，村民最直接依靠的对象是亲戚和邻居，这是他们完成生存和发展目标的辅助力量。亲戚在现代社会虽然更多是双亲亲属关系，但主要仍是血缘关系，仍然以宗族关系为主；而邻居在村落中，也多数是有宗族关系的人员。所以，农村社区村民与城市居民的不同是：村民仍然不能脱离宗族而独立完成自身的生存和发展，只有城市居民可以融入社会化的服务中。因而，城市化是淡化农村宗族力量影响最有效的社会变迁。可以相信，只要农村发展了，宗法组织的负面影响必然会减少。至于尚存的宗族文化观念会因为缺乏现实基础而只能作为文化现象而存在，由于宗族的产生与血缘的紧密关系可能是无法消除的，所以作为文化观念型的宗族思想会长期存在。

从目前看，应让“长老会”合法化，变暗为明，然后根据其活动后果纳入法制管理的轨道。一方面对其进行教育、改造、转化，使其能发挥正面作用，为社会稳定作出贡献；一方面对出现的违法犯罪行为坚决予以打击，不能因为人多和人老而任其为所欲为，一味退让。这不仅是农村中村民自治的政治问题，也是能否顺利完成农业生产方式现代化和实现建立社会主义市场经济目标的大问题。

三、宗族在村治中的影响力

宗族在以往的村治中一直发挥着巨大的作用。据学者的研究，中国的宗族在宋代以前，是作为一种特权阶层的组织而存在的，普通老百姓并没有建立宗族的权利。先秦时期的民间社会的宗族，由原始社会末期的父系家长制家族直接转变而来，在国家统一的乡里制度之内，它们可能与村社组织结合在一起，成为一种宗族村社。在宋以后，门阀士族在政治、经济和文化方面全面衰落，以祠堂、族田、族谱、家礼及族长构成要素的庶民化宗族开始出现。明清时代的宗法组织，已直接与里甲制度相结合，演变为基层政权组织。在1949年以后，国家对乡村社会的全面介入使宗族组织受到毁灭性的摧毁。随着国家力量在农村社区的逐渐退出，特别是人民公社解体之后，宗族重新复苏，宗族组织进入礼俗化宗族时期。

朱炳祥在《村民自治与宗族关系研究》中，概括出宗族的四种历史形态与乡村政治的关系是：

第一形态是夏代以前的"无国家的社会"中的宗族形态。此时并无统一国家的乡里制度，宗族政治与乡村政治合一。

第二形态是自夏商周三代至隋唐时期的上层社会的宗法制宗族形态。此时村社与宗族具有一体性，也就是说可能依然是沿袭血缘对于地域的一种整合，以宗族原则为主导来建构地域社会，国家只是从理论层面上运用乡里制度对村社进行统一管理。

第三形态是指宋代以后的庶民化宗族形态。这种宗族在明清时代走入国家的正式体制，成为国家在乡村政治制度的组成部分。

第四形态是现代国家中的礼俗化宗族形态。此时乡村制度以国家的基层制度为主导，宗族的文化功能被整合到乡政村治之中。①

这四种宗族形态与乡村政治的关系非常简明，但对于在宗族的礼俗化时期宗族对乡村政治的影响作用，可能没有这么简单。如前所述，宗族对乡村政治的影响也许一开始是其文化和社会交往功能，但由于有了村民自治的制度，使得"没有经济基础"的礼俗化宗族却有了政治表达的场所，从长远来看，宗族将成为影响村民自治的重要政治动员力量。

---

① 朱炳祥．村民自治与宗族关系研究．武汉：武汉大学出版社，2007．48～58

第二节　政治精英与村民自治

一、乡绅在传统村治中的作用

传统上，宗族对村治的影响通常是与乡绅紧紧连在一起的，所以，乡绅作为中国历史上对乡村社会起着重要作用的特殊社会阶层，应该予以特别的注意。乡绅治村对今天村民自治中干部素质的联想，以及由此关系到的农村社区的“善治”是有重大的启发意义的。

朱新山在《乡村社会结构变动与组织重构》一书中，综合概括了许多对乡绅在中国传统乡村治理中的作用的研究成果，认为在宋朝以后的庶民化宗族社会里，乡村社会生活的维持依靠的是绅士主导的宗族自治。绅士是乡村社会的定型力量和组织因素，所有在社会上有声望而不在政府中任职的人均可归入此列。中国传统社会的绅士大多具有如下特征：一是家中有人或本人已通过科举考试取得某种功名，如果本人取得这种功名，这种功名的等级一般是较低的，如生员或监生；二是其家族的某个或某些成员在官府中担任一定正式的官职，或曾经担任过这种官职而现在赋闲；三是拥有一定的土地（一般可以称得上是地主），或通过放高利贷等获得较高的收入，家境较为优裕。在正统的功名绅士较少的地方（如贫困地区、边陲地区）、层次，庶民绅士（主要靠财富、道德、家庭声望获得地位）则在乡村社会中发挥着主要作用。绅士不仅是一个在政治上享有特权的社会阶层，也占有经济资源的优势，还在儒学体系的教育中获得管理社会事务的知识。他们在政治、经济、文化上的资源优势，使其具备了作为国家与社会中介及基层社会领导层的条件，在乡里发挥着广泛的作用，如税收、治安、教化，乡村日常社会生活的组织，民间的调节、教育、道路和水利等社会公益事业的兴办等。自秦汉至清末的两千余年，国家、绅士、民众三层结构在生产力和生产关系相对稳定的前提下，由于他们都是以宗法结构组织社会和以儒家理念构筑价值体系这种在组织和价值上的同源同构，既相互制约又保持均衡，实现了中国社会结构的高稳定。同样，在近代以来，国家、绅士、民众在组织机制与价值观念上的分歧，也使原有的社会结构解体，造成了乡村社会的失序。①

由此可见，至少在民国以前的庶民化宗族形态下的村治实质上是宗族自治，实际运作是乡绅主导下的宗族治理。至于民国时期前后的乡村自治制度设计目的是实行民主自治，但实际的情况是，能够实施乡村自治的地方，仍然是乡绅在主导，把乡村自治的制度锁定在乡绅治理之中，成为乡绅自治。而缺乏绅士的地方，或者绅士因守住传统价值观念不得不避开村治，或者绅士放弃传统价值观念而发生蜕化，则不但乡村自治不成，原有的乡绅主导的宗族自治也“痞化”了，造成了乡村社会失序。这种乡绅治村保持秩序的现象说到底就是精英政治的一种具体表现，有其历史的必然性和合理性，也是对西方民主理论中精英政治现象的另一视角的解析。它也说明从实证研究得出的精英民主理论不仅适合对民主政治的解析，也适合对专制政治现象的解析。

过去对政治现象分析，多数停留在价值层面，以及对历史现象的观察上，较为静态。心理学的介入，使人们对政治参与的行为得到解释，但相当于理性“经济人”的理性“政治人”所不能解释的现象，终于在群体心理学理论中得到解释，现实中的政治现象也促成了政治心理学的产生。精英民主理论所强调的政治过程的核心和支配力量是少数政治精英而不是人民大众，这正是政治心理学对现实政治现象的有效解释。我们不仅要注重“民治”，同样也要注重“善治”，这是起点的公平和结果的理性的综合体现，而“善治”更注重精英人才的选择。传统乡村治理靠乡绅，而在当前的村民自治形势下，村治的人才在哪里？这既是历史对村治的启发，也是现实村治的难点。

二、村民自治中的乡村政治精英

当前的村民自治，基本上都只具有民主的形式，而能较好体现制度设计本意

① 朱新山．乡村社会结构变动与组织重构．上海：上海大学出版社，2004．33～58

的村并不普遍，就是在表现较好的村也没有扎下根，无法形成确保长期保持民主制度的民主意识。一些较差的村，村民自治的实际效果甚至有点不伦不类，一些村的村民根本不关心也不理睬村委会选举，村民自治只有一个“壳”；一些村则仍然由政治强人把持村政，村民有意见也不敢表达，继续做顺民。农村中出现的这种情形表面上看是村民普遍缺乏民主意识所致，实际上主要还是缺乏政治精英造成的。在缺乏政治精英的地方，村民自治的结果还不如乡绅自治，这是在对农村社会治理人才资源的研究后得出的。这个推论与农村社会人口结构变动的结果有关，即城市化的加速引起农村人才的流失。据中央农业实验所1936年的《农情报告》反映，1843—1893年，全国城镇人口由2 072万增加到2 351万，平均每年仅递增2.5%，城镇人口由占全国人口总数的5.15%上升到6%；1894—1949年，城镇人口逐渐增加到5 763万，为1893年的2.5倍，年平均递增率也提高到16.1%，城镇人口占全国人口总数的比重上升到10.6%。改革开放以来，城市扩张速度惊人，据《中国统计年鉴》的统计资料，1978—2006年，城镇人口由17 245万人增加到57 706万人，城镇人口由占全国人口总数的17.92%上升到43.90%。城市化的过程中引发了农村人口的大量迁移，据中国经济史研究，中国近代经济发展和城市化造成的人口迁移现象主要是人才迁移和资本迁移从农村流向城市。1935年的一份调查表明，全家离开原住地流向城市的，占流失人口的59%，而青年离家入城者占这一数字的65%①。国家统计局农调队近年对全国农村住户和行政村进行抽样调查，结果表明：农村劳动力外出务工数量逐年增加，2004年达到1.2亿；农民工流动就业以青壮年男性劳动力为主，2004年农民工平均年龄为29岁，其中16～25岁的占45%，30岁以内的占16%；性别结构中男性占66%。农村人才向城市的流动不仅影响了农业的发展，也造成了社区治理缺少人才和人才储备不足。

农村人才外流，是人才自身理性选择的结果。中国实行改革开放的政策以后，对农村人员社会流动的限制减小，农村人才和青年更加迅速外流，有些村庄

① 中央农业实验所．农情报告（第4卷）．1936（1）：188

几乎只剩下老人和儿童。只要没有改变农村中劳动力价值低于城市的状况，人才外流就不会减速。那么，村民自治就只能解决“民治”的问题，而无法实现“善治”。如果是这样，国家提供给村民的自治制度究竟能为农民做些什么？这是我们反思村民自治制度的设计误差和操作误差的出发点。

第三节　当前村民自治的实施情况

对村民自治的实施情况，有许多统计资料和研究已经作出了说明，因此我们从动态的角度来看村民自治的实施情况。

一、农村社区中民主选举的动员方式

每一个社会成员参与民主选举的过程，都有一个被激发和被动员的过程，参与村民自治民主选举的选民同样是被动员的。对选民进行政治参与的动员方式，在农村中主要有三种：①政治力量允许的正式组织，如村党组织、村委会等正式组织；②宗族势力等非正式组织；③宗族外的亲属和朋友等其他类型的动员方式。动员村民参与民主选举的力量首先来自想成为村委会成员的村民，然后通过以上传导机制传导给选民。从以上三种政治参与动员方式的效果来看，靠宗族外的亲属、朋友等其他类型的政治动员方式缺乏大范围动员的有效组织机制，其动员的力度最小。正式组织看起来组织机构严密，动员力度似乎最大，其中党组织及村委会的组成人员覆盖到村的每一个角落，还能够通过村民小组等地域性分布进行“纵”的和“横”的全面动员。但由于对政党认同在村民心中已逐渐淡薄，村干部内部之间也因利益不同，有的实际上就是竞争对手等各种因素，普遍存在同床异梦的内耗现象，因而看起来很强大的政治动员的资源并没有像想象中那样有力，往往是组织布置的任务被打折扣落实，有些甚至成为负面力量。而宗族势力这种见不得光的动员方式却非常有效。比如，以村民小组为单位的政治动员，

村民小组长及党员干部就不敢在向选民介绍被推荐人后，建议由他们代表选民填写推荐表（选票），但宗族势力往往是在动员宗族成员推荐某些村委会成员后，争取甚至强要宗族成员委托他们代为填写推荐表（选票），选民实际上并没有拿到推荐票（选票），宗族成员对这种做法就算有意见，也不会向选举委员会或上级政府反映，大家都默认或容忍这种方式。所以，在农村的民主选举过程中，政治动员最有影响力的不是正式组织而是非正式组织的宗族势力。

由于目前的村委会选举中，党组织都会推荐候选人，在不存在竞争的情况下，党组织推荐的候选人都能当选，从结果看正式组织的动员效果很好；在存在竞争的情况下，正式组织的动员效果一般不如宗族力量。正式组织推荐的候选人能够顺利当选的，往往需要通过宗族力量的帮助。这是农村民主选举政治动员的微观机制。

民主选举的政治动员的情况如此，其他如民主决策、民主管理、民主监督的政治动员的情况也如此，只是没有民主选举时动员力度那么大。除了一些涉及村民利益较为突出的项目，而且村干部与村民的意见不一致时，才会在一些有影响力的人的策动下，形成政治行动。这种情形下如果没能很好地妥善处理，往往会酿成干部与群众冲突的事件。

二、村民政治参与的演化

当前农民的要求更多是在发展自身经济方面，而不是在民主化的政治要求方面。这一点通过笔者 2003 年对某县的测量村民自治结果可以清晰地看到。村民自治下的农民并不在乎选举程序的民主问题，而更在乎选举的结果，特别是更在乎当选的村委会干部能否帮助村民解决问题。村民急切想要解决的问题主要是经济发展问题，而不是民主政治问题。他们从一开始热衷于民主选举的激情，来自对民主选举能改善经济发展状况的认识，把民主选举村委会干部当作解决经济问题的手段。经过两次（指样本调查地）民主选举之后，村民发现民主选举并没能较好地解决经济发展问题，于是对民主选举的热情下降了，满意度也比选举前下降了。这是笔者对测量结果的理解和解释。更为令人担心的是，农民当前需要解决的是农业生产发展问题，他们想通过选举的村干部来帮助他们解决它，但在目前的市场经济条件下，各级政府想尽办法也没能彻底解决“三农”问题，而连自身的经济发展都成问题的缺乏经营本领的村干部，更无法实现农民的心愿。自然而然地，村民也就不再寄希望于通过选举村干部的行动解决他们的经济发展这个根本问题了，热情随之下降了。但农村的民主选举还要继续下去，想当村干部的村民竞争越来越激烈，无关的村民则越来越冷淡，参与民主选举的主导力量就慢慢地被传统乡村社会固有的宗法力量所影响了，农民对经济目标的失望使他们接受宗法组织的选举影响或安排，村委会的民主选举就演变成了类似于宗法组织在搞选举。这是2002年选举后的感觉，经过2005年和2008年的村委会换届选举，这种情况是否有所改变呢？笔者没有继续做抽样入户调查，但对农村的选举组织方式和农民参与的组织方式，在原来调查的样本区内进行了比较细致的观察和了解，发现农民参与民主选举的热情和满意度下降这种情况并没有改善，对换届选举越来越冷淡，宗法组织在暗中影响选举结果的情况更加严重，而且正慢慢成为农村民主选举的常态。

这里有来自广东省饶平县联饶镇某村2002年的村民委员会选举个案。这是一个在势均力敌、充分竞争的状态下，宗族力量与民主选举能够共存，并且是民主选举的独立性参与战胜宗族影响的案例。该村是一个纯种养业的农庄，坐落在省道旁、镇政府边，人口约1 620人，选民1 094人。在1999年第一次“海选”村委会时，原来的村党支部书记和副书记为争当村委会主任分划成两大阵营，出现了宗族房界严重对立的局面，且有小规模的械斗发生。选举后，矛盾还在继续加深。因此，原来积累的矛盾在2002年的选举中将可能全面表现，曾经对立的双方也早已做好各项准备工作，选举危机出现的可能性很大。为此，镇党委较早介入村干部班子的提名工作，除了由党员和村民代表会议对原来的村干部进行测评和全额推荐外，还与多数的党员和村民代表单独座谈，以及与村里一些老干部和各个宗族（主要是姓氏房界）有影响的人物座谈了解情况，征询意见，为形成党委的提名方案提供准确的情况依据，同时也利用座谈的时机引导村民正确地对待村委会选举。其实，村里早已形成两个非常稳定的选举人员班子，人员所代表的宗族房界分布各个均匀相对，就像是一场擂台赛，镇里只能根据村民对两班人马的支持倾向作出判断和选择。村里的宗族人员结构情况是：徐姓约 1 120 人，其中长房 480 多人，二房已全部外迁至澄海县，三房 640 多人；曾姓 400 多人，但长期是村政的主导力量；其他郑姓、林姓等约 100 多人。两个阵营的人选各自负责动员自己姓氏房界的村民的支持，对人员结构和竞选职务都作了周密安排。其中一个阵营是以时任村党支书、村委会主任曾某盛为首的竞选群体，内部拟定的村委会职务安排是：村委会主任为曾某盛，副主任徐某为（徐是村里的治保主任，属徐姓长房人），副主任徐某军、徐某涛（两人都是村里的一般干部，属徐姓三房人）。另一个阵营是以村农业技术专业户、普通党员曾某才为首的竞选群体，内部拟定的村委会职务安排是：村委会主任为曾某才，副主任徐某华（徐为村里一般干部，属徐姓长房人），副主任徐某正（原为村党支部副书记，属徐姓三房人）、林某强（原来当过村党支委，属徐、曾之外其他姓氏村民的代表）。两个班子兵对兵，将对将，演变成宗族姓氏房界内部的激烈竞争，姓氏房界长老无法把握局面，干脆撒手不管，由参选人各自在宗族姓氏房界内展开政治动员。由于当时广东省刚刚由“海选”方式产生候选人改为允许党委提名候选人，没有获得镇委支持的曾某才的班子可能还不了解选举规则的变动，所以在提名候选人中没有作出反应，镇委提名的“一正三副”即曾某盛、徐某为、徐某涛、徐某军在流动票箱征集候选人提名中，在没有其他人选的情况下成为正式候选人。7 月 26 日公布正式候选人时，也一并公布选举大会办法，在征得竞争双方的一致同意后，规定严格按“一法二办法”规定的选举办法操作，统一在村小学召开选举大会，不设流动票箱，委托不许超过三人，凭选民证领取选票，并由双方各自推荐监票人员监督全过程。7 月 31 日是正式选举日，全村都被动员起来，当天中午 1 时 30 分截止投票时，在包括户内都不能超额委托的情况下，总共在 1 094 名选民中发出了选票 1 062 张，收回选票 1 062 张，其中有效票 1 046 张，弃权票 10 张，废票 6 张，几乎达到可能的政治动员的极限。选举计票结果是：主任候选人曾某盛 663 票，曾某才 360 票；副主任候选人徐某为 661 票，徐某涛486票，徐某军435票，徐某正444票，徐某华299票，林某强得票少而没有资料记录（因印制的上报表格空白栏不够）。选举大会结果只有两人当选，曾某盛当选为村委会主任，徐某为为副主任。村委会成员不足名额于8月28日采取同样的办法另行选举，候选人为徐某涛、徐某正、徐某军。但选民参加另行选举的热情就没有第一次选举那么高了，共发出选票648张，收回选票604张，其中有效票592张，徐某涛得票480张，徐某军得票437张，徐某正得票137张，结果徐某涛、徐某军当选为村委会副主任。一场全村和全镇都认为可能出事的选举在充分的政治动员后，在以竞争双方都有效参与产生选举办法和监督选举过程的情况下，得以激烈而平稳地结束，并且没有为选举后的村治形成障碍，确实是通过选举完成了村治的稳定过渡。

在这个村换届选举之前，属于同样性质的联饶镇的另一个村——某坑村已经按照以上的办法顺利完成换届。某坑村的情况与前面介绍的某村情况几乎一模一样，也是历史矛盾多且不可调和，也是派别（没有房界特征）对立竞争而导致政治动员充分，差别只是人口规模稍小，全村统一姓沈因而没有姓氏只有房界的分别。该村于2002年6月5日选举，总共选民为967人，发出选票953张，收回选票953张，其中有效票922张。得到镇党委提名的几名候选人，有较强领导能力的曾担任过村党支书的提名为村委会主任的沈某波、换届前任村委副主任继续提名为村委副主任的沈某明、任村文书提名为村委副主任的沈某川三人顺利当选为村委会正、副主任。没有得到镇党委提名的由性情温和、人缘较好的换届前任村党支部副书记沈某才牵头的竞选班子以微弱的劣势落选了。

这两个村的选举情况有几个共同点，就是人口规模都不大，能够顺利地召开选民大会；竞争充分，几乎所有的村民都得到有效政治动员并参加选举活动；宗族房界内部因存在竞争而使宗族房界“长老”无法发挥作用；选举过后都没有留下后遗症。这两个村2002年的换届选举可以为经典的民主选举理论作出典型的注解，也为农民有能力搞好民主选举作了说明。但之后2005年和2008年的换届选举，村民的政治参与热情就没有那么高了，对选举程序的要求也没有那么苛刻了，原因是村民认为选谁都一样，选举并没能为村民带来什么明显的好处。村民自治实践出现这样的演化并不是村民自治本身的问题，它正好说明多数农民当前的根本要求并不在民主政治的权利上，更重要是在经济发展方面的需求上，他们积极参与村委会选举是实现自身经济利益目标的一种手段。如果村民自治不能带来村民经济状况的改善，农民对村民自治的评价就会下降，村民自治就成了想当干部的村民的政治游戏。

村民自治成为想当干部的村民的政治游戏，这种演化有另一个个案可以作为注解，个案来自广东省饶平县黄冈镇的某村。这是一个户籍人口为 9 500 人的大村，是从一个两万多人的自然村落中分拆出来的行政村。除了极少数的余姓外，其他都姓张。在 2008 年的村委会换届选举时，原来的村委会主任已经 60 多岁，镇村两级党组织原来都安排其退休，作为党员的村主任本人也接受这种安排。在考虑接任村主任人选时，镇村针对该村存在的问题和下阶段的工作需要，拟物色村里一名较为正派“干净”的党总支副书记张某仁提名为村委会主任候选人。在个别征求意见时，就有一名村党总支委张某汉公开表示异议并毛遂自荐，认为自己的条件更合适，村委会主任应当提名他担任。在群众印象中，这名村党总支委的亲戚在村里是一群惹不起的人物，所以镇委多次做思想工作和纪律教育动员其服从组织安排。同时，权衡考虑村民选举形势的变化，在三名村副书记中重新作出调整，统一推荐提名原来的老主任继续为候选人，以确保顺利当选。2008 年 5 月 15 日，召开村民委员会选举提名大会时，该村按五个村民小组分发村委会成员提名表，发生了两个村民小组提名表被抢的事件。公安机关介入侦查，但难以收集到证据，无法追究破坏选举当事人的责任，村委会选举继续按规定程序推行。5 月 25 日重新召开村委会提名大会，规定选民必须凭选民证到村委会办公楼领取提名表。在规定时间里，全村选民 7 165 名，领取提名票 4 031 张，收回有效提名票 3 900 张，提名结果张某汉得到村委会主任提名 3 899 票。按照候选人提名大会参加的选民超过选民总数一半以上，被提名人获得提名票超过选民总数一半以上可以自动当选的“双过半”标准，张某汉自动当选该村村民委员会主任。村委会换届选举的一切行动都按程序激烈地进行，关键时刻一方放弃，只有竞争的一方参加选举，选举结果就是一个民意了解是最不受村民看好的人当选。究竟是为什么？分析起来有以下几方面的原因：

一是候选人自身的素质方面。本来村里有一名家庭经济良好，从事养殖，经营效益好，干部群众人缘好的党总支副书记可以作为政党提名人选，但其本人死活不答应参选，甚至还表示如果党组织一定要安排提名就辞职，认为争来的干部不好当而不愿介入复杂的选举竞争。而党组织提名的原村委会主任虽然宗族房界联盟的势力大，在原来村二委干部班子里的人际关系尚好，但人品、群众印象和自身素质一般化。

二是政治动员力度方面。政党提名的村委会成员构成的班子是组织安排的，大多数人都是原来的同级村干部，个人参与竞争的动力一般；非政党提名的班子是自己组建的，没有那么多的顾虑，一切服从竞争，个人参与竞争积极性高。于是，每个候选人背后的宗族房界的支持力度和行动倾向不同，支持非政党提名班子的能够形成行动，支持政党提名的有态度没行动。

三是竞争策略方面。为确保政党提名人得到选民支持的政治动员力度仍然不够，通过党员会议和村民代表会议对村里的政治骨干进行动员，但这些政治骨干显然没有受政党宣传的影响；虽然政党提名的村干部及他们背后的宗族房界力量能够占据人数上的优势，但只是停留在宣传上，没有针对个人的利好措施，政治联盟不稳固。

四是力量变化方面。竞争两方背后所代表的宗族房界人数的力量对比，政党提名班子明显处于优势，非政党提名班子一方处于劣势。在非政党提名班子采取以吸收老主任的儿子进班子说动老主任不再积极进行政治动员，以吸收另一名村干部的儿子进班子换取该干部的联合等措施之后，这些政治交易有效瓦解了对方的力量，双方力量的重组使形势对比发生了逆转。

五是纠正干扰破坏选举行为方面。在发生抢票的行为后，包括参与抢票的行为人等基本情况都能够了解到，而在公安机关正式调查时，就没有村民愿意作证，使破坏选举的行为无法得到纠正。村民不愿意作证的行为被认为是觉悟低和素质差，而能够在依法处置抢票行为中得到好处的竞争一方不愿意作证则被认为是不理性。但从另一个角度来看，村民不愿意作证表明村民在利益和价值判断上，或者有的是传统的礼俗观念战胜了现代的法制观念，或者有的是不在乎村委会选举这些政治行动的结果。另外，竞争对手不愿意作证则可能是自身也难保行为合法合规而不想惹麻烦。

因为以上五方面的原因，其实选举基本上已经在暗中完成，所以在正式提名仪式上，就只有支持非政党提名的张某汉的村民以户为单位带着选民证来换取提名票，并几乎一致写下了张某汉的名字。这个村2008年的村委会选举从头到尾，起主要影响力量的因素都是宗族房界所代表的人数，选举也是这些力量的组合结果。

综上所述，从多个层面看，作为民主政治基础的政治参与者的独立性，在实践中并没有作为稳定的特征表现或保留下来，更没有通过实践使农民政治参与的独立性得到不断强化，以实质性而不是以形式上的民主来衡量，当前村民自治难以用民主自治来评价。从村民自治的制度设计目标和实施结果来看，国家想通过村民自治逐步解决农村所有的问题过于理想化。这并不是说村民自治不是解决农村问题的方法，而是说明国家想要解决农村本质问题的关键点不在村民自治，应该在农村生产力方面寻找。这也应当是马克思主义者的观点。由于这些年农村没有其他重大改革措施，村民自治制度也没有什么改善性的微调，有人开始怀疑作为国家供给农村以解决农村公共管理问题的村民自治新制度，是否还有其他目的？或者正如一些不看好当前农村政策的基层干部所理解的那样，民主选举是为了制造村民之间的矛盾，从而使村民的不满现状的能量转移到农村社区里权力的争夺上面。或者如一些与村民自治事务距离较远的政府官员的理解，不管村民自治怎么搞村民怎么闹，都不会动摇整个政局，完全可以把可能的动荡控制在村里。单纯就农村社会的消极管理也许是这样，但中国共产党的执政宗旨不可能是这样，它的执政目标就是要实现整个农村的全面发展，这是理由之一；一些涉及国家根本性大政方针的执行如计划生育、土地利用和资源环境保护等都需要农村的支持和配合，放弃对农村的控制，政府的这些目标就无法完整实现，这是理由之二；更重要的理由是国家的现代化进程需要农村继续作出贡献。1949年以后，国家在工业化进程中采取的措施中，最重要的就是公社化。据温铁军的研究，公社化其实就是为了加快国家工业化进程而需要农村和农民作出牺牲的一种制度安排。国家通过统购统销和价格控制的剪刀差从农业转移劳动剩余以支持国家工业化，“据国务院农村发展研究中心 1986 年的推算，1953—1978 年计划经济时期的 25 年间，工农业产品价格剪刀差总额估计在 6 000 亿 ~ 8 000 亿元。而到改革开放前的 1978 年，国家工业固定资产总计不过 9 000 亿元。因此，可以认为，中国的国家工业化的资本原始积累主要来源于农业”[①]。当前的国家工业化进程同样需要农村作出贡献，但多数人只注意到农村土地征用的贡献，却没想到此时农业的贡献仍然有农业剩余的转移。温铁军根据徐志全、王贵宸和张照新分别对这个问题研究的资料对 1952—1998 年我国工农产品剪刀差的整理发现，“由于体制问题没有解决，不仅 80 年代起剪刀的曲线陡然上升，而且进入 90 年代以来，我国工农产品剪刀差仍然呈恶化趋势”，这说明了改革开放后的剪刀差不但没有缩小，反而呈现加速扩大的趋势。除此以外，国家工业化现阶段需要农村的贡献就是提供低价的土地，这也是当前国家和农村之间的利益矛盾严重冲突的内容。虽然同样作为国民，农民的公共服务和社会福利水平低于城市居民，所以有人认为农民没有享受国民待遇。但在社会保障功能整体不足的情况下，土地对农民的生存保障功能重于生产功能。就土地所有权的拥有从而拥有最后的社会保障手段而言，农村优于城市，在现代化进程明显影响到的城市郊区等地缘价值较高的农村，这一点非常容易被人们感觉到，所以，农民也特别敏感土地的出让，因而坚定地要守住它。国家需要低价拥有土地以推进工业化目标与农民需要稳定就业和拥有社会保障的要求的矛盾在工业化地区的农村已经很突出。有的地方因此按照中央的要求开始建立失地农民的社会保障制度，资金筹集的方式采用农民自筹和政府财政补贴相结合。但是，从长远来看，政府财政这种安排资金的方式会因缺乏资金来源和运用相关联的正当性而难以得到稳定的执行，可能造成实际需要列入社会保障的规模偏小及财政支出的历史欠账。改进的方案可以采用“把国家垄断征占土地之后低价获得的土地所有权，提取一

① 温铁军．中国农村基本经济制度研究．北京：中国经济出版社，2000．177

定比例（例如15%）参股开发的物业或企业作为发行农民社会保障基金的依据，基金允许上市，其利润专门支付被征占土地和无地农民的社会保障开支”① 的方式，使政府财政来自土地的收益与因土地收益需要的付出挂上钩，而且不是提取“一定比例”，而是提取“足够比例”的土地社会保障资金。同时，要依据各级政府在土地征用和出让项目的收益比例安排支出比例，使收入和支出合理化。失地农民社会保障制度不仅是设置享受标准的等级型基金付出制度，还要建立连续型的基金专户积累制度，并在实施一般性的失地农民社会保障制度时，实行地区标准差别待遇制度。

所以，对农村社会控制的放弃不可能是国家实施村民自治的目的，而只能是国家对农村社会控制和社会发展的一种新尝试。因为是新尝试，可能有与设计目标不一致的误差结果，只是目前这种结果尚待达成共识并被确认。既然国家不可能放弃农村控制，又不能回到完全无偿调动农村资源的强控制方式，随着社会发展和执政理念的人性化，只能选择互利双赢的控制方式。这就需要我们在研究村民自治问题时，要把它放在更大的空间和时间范围内来考察，既要从农村社会发展的需要来看，还要从国家发展需要的大局来看；既要从制度的合理性来看，还要从制度的长期运行的实际情况来看。鉴于村委会仍然承担着较强的行政和政治功能，作为村级自治组织也有权对本村社区范围内集体所有的土地等资产进行发包，以及通过合作社之类的组织对参与流转的农民拥有的长期土地经营权的配置，有对非农占地的初级审批权，行政村级的集体经济组织仍有较明确的财产占有、处置和收益分配功能。村民自治作为国家供给的农村社区治理制度也应当属于解决公共池塘资源问题的范畴，所以对待村民自治制度问题，参考奥斯特罗姆的一个观点是有益的：“设计和采纳新制度来解决公共池塘资源问题是困难的任务，无论占用者群体是如何同质，无论协会的成员们对他们的公共池塘资源的状况掌握了何等多的信息，也无论互惠的共识是多么根深蒂固。当人们面对公共池塘资源问题时，通常都会有很强的规避责任、搭便车和以机会主义方式行事的诱

① 温铁军．中国农村基本经济制度研究．北京：中国经济出版社，2000. 326

惑。在这样的条件下，我们绝不能保证这些问题可以得到解决。没有任何强大的外部压力能驱使人们对这些问题形成积极的解决方案。”① 所以，不要寄太大的希望于村民自治对农民的观念和行为的良性促进，只有寻找到一种促使农民改变观念和行动的自增强机制，国家和农村的发展目标才能实现，这也是我们借用制度分析大师对自主组织和公共事物治理的研究成果作为我们进一步完善和推进村民自治制度的现实化的指导思想。

---

① ［美］奥斯特罗姆．公共事物的治理之道．余逊达，徐旭东译．上海：上海三联书店，2000．310

第五章

村民自治的发展

第一节　农村社区治理的发展方向

一、农村社区治理制度的选择和村民自治的方向

精英民主政治理论的集大成者熊彼特，特意用市场竞争理论来类比并解释竞争性民主的实际运作过程，从而论述竞争在民主政治中拥有超越其他因素的本质地位。美国前比较经济学会和政治学会会长林德布洛姆同样用市场和民主的关系进行类比，所引申出来的见解对我们理解民主对制约统治精英实施社会治理过程的有效性和局限性有非常好的启发。他认为，在市场社会中统治精英分为两大集团：政府官员和企业经理。市场和民主是人民控制这些统治精英的互补性的和竞争性的方式。人民通过选举来控制统治精英，是民主的方法；人民通过金钱来控制统治精英，是市场的方法。市场方法的目标，基本在于结果和产出；民主方法的目标，则基本在于过程和投入。人民控制的市场方法的通常方式是，在消费者根本无法控制过程或投入的情况下接受或拒绝某种最终产品。例如，你可以根据你所喜欢的颜色、尺寸、电耗等选择某种型号的冰箱而拒绝其他型号。另一方面，人民控制的民主方法的目标主要不在结果而在过程，人们只要求官员努力教

育孩子，努力降低街道犯罪。从市场精英那里，我们可以订购并且能够保证得到一台优质冰箱；但从民主精英那里，我们却常常无法订购并保证获得有教养的孩子、安全的街道或洁净的环境①。他的比较研究告诉人们，结果控制的市场方法的有效性和非结果控制的民主方法的局限性，从中可以看出“人民”对民主的“控制方法”和“目标”往往是难以实现的，所以需要“运用市场改造民主”。政治精英通常不能帮助“人民”实现“目标”的情形揭示了两个问题：一个是“人民”为“结果”而参与“过程”，当民主的结果不能实现时，“人民”参与“民主过程”的热情就减退了，在已经习惯民主政治的西方世界，民众政治参与的下降就是这个理论假设的现实解释；另一个问题是“人民”参与选举注重的是民主精英能够带来的结果，即“人民”通过选举的过程只能决定“谁将当权”，而“人民”参与选举的目的却在于社会管理的理想结果。所以，不同时空下的“人民”的民主目标，即对社会管理的预期目标是什么，就影响着民主政治的参与过程和民主政治的效果。

正因为如此，要搞好村民自治，就必须了解中国农民在参与村民自治的过程中，他们想要通过村民自治实现的根本目的究竟是什么？这如同需求创造供给的道理一样，农民政治参与的根本目的就是我们如何推进村民自治的方向。调查表明，东西方人民对于民主政治的要求是一致的，都不是要选择某个政治精英，而是要政治精英能够带来满足人民的结果。通过调查还可以发现，农民参与村民自治的真正目的更多是优先经济目的方面的追求。作为农村社会治理精英的村干部通常无法带给农民这些方面的满足，于是导致像西方政治参与不断下降类似情形的发生，刚刚燃起的民主选举的激情也会因为期望的失落而冷淡。一旦村民出现不珍惜民主权利的情况，宗族势力在民主选举中的作用就有了更大的影响力。所以，在农村社区治理的制度变迁中，由于存在着宗族势力主导民主选举的趋势，不仅没有能够通过村民自治这种民主训练培养出村民的独立性，反而被锁定或复制在村民丧失独立性或被动参与政治活动的旧模式中。这是我国当前的农村民主

① ［美］林德布洛姆．论市场与民主．经济社会体制比较，1996（4）

化实践最严峻的问题，“淮南之橘”移植于“淮北”终成“枳”，空有一个民主自治的制度框架和形式，却演绎着人们越来越失去独立性的政治行动结果。

面对农村村民自治的困局，如何去解决它？思路无非两条：一是坚持村民自治的民主制度，尽可能完善它；二是放弃村民自治的民主制度，回到旧制度或另选他途。冷静的观点应当是，在没有找到更好的制度之前，应当坚持村民自治的民主制度并尽可能完善它。借用英国前首相丘吉尔的两句话来概括对选择民主制度的无奈，“与一位普通选民五分钟的谈话，就能提供反对民主的最好理由”。这是丘吉尔抨击民主制度的一句话，如果研究农村村民自治的人士能够用选民共同的语言（甚至包括使用地方方言和当地习惯表达方式），能够被村民理解为是与政府没有关系、与本地村干部没有关系的调查人员（知识分子通常也被认为有官方背景），让他们很放松地说出自己对村民自治，特别是民主选举村委会的真实感受，可能会得出与丘吉尔相同的感叹，因为民主过程对于多数个人而言确实并非完全理性的行为过程。丘吉尔的另一句名言则是支持民主制度的话，那是1947 年 11 月 11 日丘吉尔在英国下院的演说词：“民主是最差劲的政府模式——除了其他所有不断被拿来试验过的模式之外。”[①] 丘吉尔对民主制度的选择的感叹是对民主制度最现实的态度，而我们支持民主制度则不仅仅来自这些经受民主制度煎熬的伟人智者的感叹，更重要的是来自对社会治理目的和过程的最现实的理解。

人类社会治理的方式可以多种多样，而社会治理的终极目标有许多是相同的。如大同世界、平等、正义、和谐、博爱、有序、自由、快乐等这些名词，或者说如“人的全面发展”，或者具体地说“人能没有忧虑地生存，能没有羁绊地生活”。从自在到自由，乃至于对人的意义的自觉，又能自然地生存和生活。总之，一切美好的憧憬都应成为人类社会治理的终极目标。

在走向这些终极的美好目标过程中，总是存在着理性与非理性的冲突，反映在当今的社会治理模式上，则主要是自由与秩序（包括由外在的法律规范和内在

---

① 陈健民，蔡子强．民主的小故事与大道理．香港：上书局，2008．188 ~ 189

的道德约束）、民主与权威（包括规则权威和专业权威）之间的冲突。对于自由与秩序之间的冲突，可以说自由不仅是人类追求的终极目标之一，在人类社会发展的过程中，个人自由还是生产力发展、社会发展、文化发展的动力，自由经常表现为非理性的扩张，扩张的边界是他人的自由（除了两个以上具体的自由的合作可以通过权力的让渡而重叠外，但此时个人自由的边界仍然是他人的自由），于是需要共同的规则即道德和法制来确保秩序。但对于中国而言，从传统的礼俗化社会走向法制社会的过程中，礼治观念仍然很强大。《论语》说："导之以政，齐之以刑，民免而无耻；导之以德，齐之以礼，有耻且格。"孔子的观点深刻地指出了内在软约束和外在硬约束两种规范方式保持秩序的优劣。中国现阶段社会评价事物往往还是法制观念与道德观念（以礼俗观念为主的）共存，特别是在农村，经常是这两种观念的冲突引起许多社会治理的难题。这方面的现实注解莫过于从事农村政治研究的学者吴毅的《法的正义抑或情的入理——从一起农妇自杀事件的处理看法治在乡村社会所遭遇的尴尬》一文，里面记述了作者作为一个"乡村调查者完整地看到一出由基层政府、村庄和受害者家属三方共同'合谋'上演的违背现代法治精神，发生在当下的新篇传统乡村（躲避法治归依传统的）政治剧"①。这是极端典型的例子，现实中也许不多，但在农村，类似"躲避法治归依传统"的事件确实不少。至于民主与权威之间的冲突，则可以这样理解：由于人类社会是人类生活的共同体，民主是个人自我意识觉醒之后的必然要求，它既可以是平等权利的个体，也可以是没有平等权利的个体；既可以以共同社会的利益为个人选择的依据，也可以以自己的利益为个人选择的依据。但现代的民主只能是形式上的平等主体的纯个人选择行为，其集中表达的和行动结果则可能是民主行为的当事人不愿意得到的，如出现奥尔森的集体行动理论之类的选择理论所论证的"个人的理性行动最终导致的却是集体的非理性结果"模型。为了使民主的结果与民主行为的初衷更加一致，于是需要代表真理的专业权威的限制；也因为民主参与是许多人的行动需要通过代议制方式操作，所以民主的操作

① 吴毅：法的正义抑或情的入理——从一起农妇自杀事件的处理看法治在乡村社会所遭遇的尴尬．载吴毅．记述村庄的政治．武汉：湖北人民出版社，2007．18

需要通过代表民意的规则权威进行，专业权威和规则权威是理性的。这种理性和非理性的协调就是社会治理模式选择和改造的依据。对自由和秩序，民主和权威的这种理解让我们看到这样一种情形，即非理性的自由需要理性的秩序作保障，非理性的民主需要理性的权威作保障。自由与秩序、民主与权威的冲突，或许可以引申出与“个人的理性行动最终导致的却是集体的非理性的结果”相反的情形，即非理性的个人行动最终导致集体的理性结果。这种情形在统计学上可以找到，即正态分布模型。笔者支持民主制度的依据由此而来。正态分布所需要的大样本前提，就如同水闸的消力池和海边的防浪堤的乱流装置，可以通过无序达到有序。民主实施也正是如此，带有众多的非理性因素的个人选择通过民主可以相互抵消非理性的部分，留下有意义的、有序的理性结果。也正因为依据于此，要使民主的实施能达到理性的效果其实是需要一定的人口数量的；小样本类型而能使民主实施体现理性效果的，则如韦伯所讲的“明确的区域、有限且异质性小的社会成员数量、稳定而简单的行政功能和共同的要求和行为规范”属于此列；不大不小的人口规模或许正是民主制度实施得到不理性结果的最不适宜的规模。所以，民主制度的缺陷是可以通过改善尽量降低到最低限度的。说到底，因为没有更好的制度，民主制度其实就是一种我们不得不选择的、无可奈何的、风险最小的社会治理制度。这是一个理性的判断，它不会让我们对民主制度失去信心，反而能使我们坚定对民主制度的支持，也使我们不靠幻想过日子，而是靠每个人的共同努力，不断前进、永不停步。

二、村民自治的历史任务和问题解决思路

对于以一个具体社区而言的村民自治制度，以宏观的思维来看待如何使它更加完美？首先是从民主发展的阶段性来确定其具体位置，依据其发展的要求来改进它。民主发展阶段论的主要依据是个人的、理性的独立，以人为本。必须清楚地知道农民迫切希望解决的问题，在坚持村民自治的民主制度下如何帮助他们实现它。用社会发展的理性规律引导村民的自主发展，既要解决农村民主政治发展

问题，又要解决经济和社会发展问题，使民主的精神价值和工具价值两者统一而不冲突。只有宏观的引导才不会使村民自治的民主实践迷失方向，只有解决村民的发展要求，才能强化村民对民主制度的信心，形成对民主制度的路径依赖。

如果说西方民主社会仍处于判断力难以独立的民主阶段，那么，西方的民主社会同样面临改善和发展民主的问题。我们如果认同中国的广大农村正处于一个经济基本独立而人格尚未独立的民主发展时期，则民主发展的任务更加艰巨。我国农村地域广阔，村落之间的差别非常大，农村可能因为地缘、经济发展的状况和文化传统等因素，会在民主发展的阶段序列上排列位置不同，有的村落的村民可能已经完成了独立人格的形式，建立在血缘关系基础上的宗法组织和宗法意识已经不能影响其作出个性化的决定；有的村庄可能还无法完成发展经济解决生存的任务，村民还要为生存而苦苦挣扎或尚无法巩固刚刚摆脱贫困的经济状况。如果以村民能自主地参与村庄公共事务的决策过程作为理解村民自治的起始状态，则认清每个不同的村庄处于民主发展的具体阶段，是处理好每个村庄村民自治问题的关键，然后才是深化发展，推进提升村民自治水平的问题。

之所以叙述这些，是因为处于不同的民主发展阶段，其村庄的具体任务是不同的，村民追求的阶段性目标也是不同的。村民自治的发展，取决于我们对民主自治的历程的认识。这不是我们替村民设定的，而是现实的总结。总体上，中国的农村民主发展是处在农民为争取自身经济自立和已经取得经济的自立向实现人格独立转化的时期。在争取经济自立时期的村民自治，村民的要求必然是经济重于政治，生存的物质要求必然重于价值层面的精神需求。在那样的地方，不能为了动员村民更加积极参与村民自治而过分宣传民主能给村民带来的各种好处，也不能让村民对民主的工具价值抱有太多的期望和幻想，以免破坏了村民对民主的印象和信心。已经取得经济的自立向实现人格独立转化的村落，诸如一些实现工业化的、具有独特资源开发的、依托毗邻大城市的、农业产业化程度较高的富裕村落，其实这类农村社区已经不是真正意义上的农村了，村民也不是本来意义的农民了，我们现在支持村民自治的许多促进农村民主发展的观点都是适合这类村落的。

对 2002 年村委会换届后的实证调查分析得出的结论，也支持继续把村民自治的路子走下去，只是不要以为村民自治的民主选举搞好了，村民自治就搞好了，农村其他问题也就解决了。农村社区治理问题的实质是政府和村民对农村管理人员的能力要求与现实的管理队伍素质偏低之间的矛盾。由此造成制度实施、职能履行和工作方法等方面不能令村民满意，村民、村干部和政府之间的关系不和谐随之而来，最终造成农村社区的不稳定。按学者仝志辉的总结，国内理论界对村民自治有怀疑论、否定论和推进论三种基本观点，怀疑论和否定论担心的是村民自治造成的农村社区治理问题会影响国家政治一体化。其实，任何一项制度的实施都不可能是十全十美的，况且实施村民自治以来，村民对村民自治的评价大体上是正面积极的，反对的不多，并没有使村民对村民自治的态度发生逆转。而农村出现新问题的原因，根据一些学者的研究，主要与农村的经济发展水平低、缺乏民主的习惯、村民的素质不高、封建的文化观念和宗族势力的干扰等因素有关，这些因素在农村中一直就存在，与农村村民自治的推行并无本质联系。虽然村民自治的实施本身也会带来一些负面问题，但不能抹杀它的成绩。况且，农村中的所有问题不是一个村民自治就能解决的。因此，要解决这个问题，就应该调整解决问题的思路。

解决问题的思路只能是：继续积极推进村民自治制度，面对现实，创新求变，在前进中解决问题。

第二节　推进农村社区治理的对策思考

中国农村的问题集中起来，根本性的关键点仍然在落后的农业生产方式上。村民自治的发展必须在这样的形势下，既把它当作是村民自治要解决的问题，又把它当作是村民自治发展要跨越的障碍。发展村民自治应着力的重点是：改变落后的农业生产模式，借此实现村民观念模式和行为模式的转变。改变落后的农业生产模式包括：改变农业生产技术模式，促进农业的机械化、化学化、良种化、可控化；改变农业生产组织模式，促进农业生产的规模化、协作化；改变农业经营模式，促进农业投资和经营主体的企业化、市场化。对村民自治制度的改进建议，基于以上的考虑而提出，在这个思想指导下会派生几个短期内可以实现的目标和可以采取的对策，包括法律制度的、行政体制的、政府和村委会职能的，核心是改变现有的农业生产模式。

一、摈弃压力型行政体制，建立民主协作型政治体制

政府设置作为上层建筑的核心部分，既需要体现统治阶级的意志，又必须与经济基础相适应，我国的经济体制已从传统的计划经济向市场经济转变，它必然要求与市场经济相适应的政治体制和社会制度，也就必然要求实现整个社会范围内的政治民主化。党的基本路线中政治体制改革的目标确定为实现社会主义民主，正是顺应经济发展对政治发展的要求。在三十年的经济体制改革的过程中，我国的政治体制也在不断调整。国人不会怀疑中央发展民主政治的决心，但实际上民主政治进程过于缓慢，必须加快民主发展的步伐，才能凝聚力量继续前进。

现代文明国家都清楚国家权力是人民授予的，人民是国家的主人。政治民主化总的指导思想应当是国家权力必须向人民负责，必须为人民服务。因此，政府是帮助全社会每一个人实现福祉的机构。主权在民、平等的政治权利、个人的独立自由，这三点思想基础必须反映在政府的目标方面，以及在实现目标的职能与途径方面。

以此来考察作为村民自治最重要的外部政府环境的基层政府的职能和实际的作用，我们发现基层政府与村民委员会之间的关系并不是良性关系，基层政府不仅难以能如《村民委员会组织法》所说的给予村委会以“支持、指导和帮助”，而且经常不得不主动地干预和施加压力于村委会，影响其运作。村委会也把基层政府当作博弈的对象，导致双方都不满意。这是现行的行政体制把压力由上向下传递造成的，即压力型行政体制所造成。根源在行政体制，最终通过基层政府表现出来。

荣敬本、崔之元、王栓正主持的“县乡人大运行机制研究”课题组对新中国成立后我国的行政体制的比较分析，形象地指出了现行行政体制的弊端。他们认为，新中国成立之后的行政体制是集中的动员体制，这种体制“是以领袖的某种个人权威或马克·韦伯所说的 charism① 来维持某种形态的均衡，这种均衡只能靠某种理想支持”。这种体制以文化大革命为最，也以文化大革命的结束而结束。1978 年后，行政体制由一元化的动员体制向分权的压力型体制过渡。他们对压力型体制的定义是：“一级政治组织（县、乡）为了实现经济赶超，完成上级下达的各项指标，而采取的数量化任务分解的管理方式和物质化的评价体系。”如今，离他们的文章发表已经过去十多年，而压力型体制愈来愈盛。不仅经济赶超的目标如 GDP 和节能降耗等成为压力指标，社会管理的目标如社会治安和人口增长控制等同样成为压力指标，甚至连一个地区的假币流通情况也成为下级党政的一票否决内容。② 就目前的情况，可以对“压力型体制”的定义修订为：“是上一级政治组织为了完成任务，而采取的把多项指标数量化分解到下一级，以此对下级组织和干部进行工作绩效评价和管理的方式。”在实行分权后保持上级对下级的行政压力，正是这种体制的特征。分配任务的中间级政府迫于压力不得不转移压力，乡（镇）人民政府是政府政务推行的最基层政府，也是压力型行政体制中的最底层。为了完成任务，乡（镇）政府必然把这种体制复制到村委会，而村委会与乡（镇）政府的关系却与整个行政体制中的上下级关系不同。这就导致一方面乡（镇）人民政府要承受来自上级的压力，一方面村委会又无法接受这些压力。为了自身的利益，乡（镇）政府一方面要向村委会施加压力；一方面要采取各种措施（“减压阀”）度过上级工作评价的难关，上下级之间几乎成了“零和博弈”的对象，社会管理的信息传递就不可能客观和顺畅了，行政效率和行政效果也大为下降。在这种压力型体制下，几乎所有的下级政府都能完成上级下达的任务，但如果真是如此，又何须改变我们原来的指令性动员体制呢？这种压力型行政体制最终损害了政府的形象、效率和权威。要改变这种状

① “charism”或许可以理解为宗教仪式所代表的神秘主义或神权的内在的崇拜、暗示或威慑力量。

② 新华快讯，2008－06－20

况，必须改变这种压力型体制，建立民主协作型体制①。

民主协作型体制不改变目前的政治制度框架，其核心仍然是完善人民代表大会和政治协商制度，基本特征是竞争产生政治精英负责决策和执行，公共权力将受到人民的民主监督，建立中央与地方分权的向上向下负责的机制，以实现政治精英和人民的协作、中央和地方的协作。

1. 完善人民代表大会和政治协商制度

前面已经对自由与秩序、民主与权威的关系进行了深入的分析，正是针对人民民主权力与代议制形成的规则权威和学术专业形成的知识权威之间的良性互动来改造现有的人民代表大会制度和人民政治协商制度。继续保留人民代表大会制度以地区人口分配代表、人民政治协商会议按专业领域分配委员（民主党派委员归入人民代表大会代表）的做法，使人民代表大会成为众议院，人民政治协商会议成为专业院。所有的决策都必须经过两院的批准才能生效。代表和委员都必须是常任专职的，不能承担其他任务。直接民主与间接民主相结合，分层次在地区竞争产生人民代表，在专业界竞争产生政协委员。

2. 通过公开竞争产生政治精英

地方政府领导人的提名由执政党推荐，选举任命权则掌握在同级人民代表大会和政治协商会议手中。这样，既强化了各级政府向当地民众、人大代表大会和政治协商会议负责的制度，又使各级政府促进本地经济，社会发展的压力和动力既来自上级政府，又来自当地。向上和向下负责紧紧结合在一起，实现上下之间的良性协作。这种设计是基于当时中国的政治现实所能够接受的阶段性目标而设计的。地方各级领导人的产生方式，目前是由上级党组织考察提名，按照中共中央《领导干部任用条例》，上级在提名领导人之前，增加了民主征求意见差额考察的程序，但从实践的结果来看，这种做法对压力型体制一点也没有动摇。究其原因，还是因为这种民主化改革缺乏公开竞争的缘故。当前地方政府领导人产生

① 关于建立民主协作型体制，可以参考“县乡人大运行机制研究”课题组．县乡两级的政治体制改革，如何建立民主的合作新体制．经济社会体制比较，1997（4）

方式加进一些民主的元素之后，仍然没有减少压力型体制弊端的现象，这可以用熊彼特的民主理论来解释。熊彼特把竞争产生政治精英作为民主政治的本质特征来看待，我们目前的改革正是由于没有真正引进竞争元素所致。虽然有差额选举，但不允许候选人搞非正常组织活动，多数代表根本无法获得足够的候选人信息，从而无法对候选人作出理性的判断，使差额选举失去意义。因此，在当前的体制下，地方政府领导人由上级负责提名的做法可以继续推行，但必须让这些由上级组织确定的候选人进入公开竞选的程序，并设定公开竞选的规则，既鼓励竞争又限制候选人违规的竞选行为。同时，要在党内实行充分的民主以决定党组织向人民代表大会提名的地方政府领导人候选人，保证执政党能向人民推荐政治精英，以推进社会的“善治”。这种改良性设计仍然属于阶段性目标设计，但中国目前实行渐进式民主化的政治体制改革路子应当是现实可行的，因为它符合中共中央总书记胡锦涛2007年10月15日在中国共产党第十七次代表大会上的报告中所提出的“要以扩大党内民主带动人民民主，以增进党内和谐促进社会和谐”的主张，通过党内民主推动全社会的民主是渐进式民主的现实路径，很难想象在中国共产党执政的大背景下，没有党内的真正民主而能实现社会的实质性民主。只有党内有充分的民主，使党内政治精英不仅能被党内所认同，也能被党外社会所接受，只有实行了全社会的民主才不会动摇中国共产党的执政地位，此时的民主化才具有现实性。所有这一切，竞争性产生政治精英最为关键。

3. 合理分工以强化协作

必须着眼于在中央与地方、政治组织与经济组织之间进行适当的分工，通过法制化处理中央与地方之间、地方各级政府之间、政企之间的关系，明确各自的职责、权利与义务，从而为协作创造一种必要的条件。如可以明确政治组织的职责就是进行社会公共管理和服务，它不应代替经济组织进行投资决策，更不应以兴办企业为己任，而应当通过自身政策协助、增进市场机制，让市场在协调经济组织活动、进行资源配置方面发挥主要作用，而不是越俎代庖。经济组织应守法经营，照章纳税，同时作为纳税人有权要求政府提供相应的服务，等等。合理分工，强化协作必须合理地划分中央与地方及地方各级政府之间的财权和事权。我们看到，中央与地方之间财权的划分在 1994 年的分税制已经完成了，可是事权却没有划分好，并且事权和财权也没有通过法律或法规确定下来。显然，这是决策层缺乏法治精神所致，总是想把主导权紧紧抓在自己手上，担心法律、法规会绑住自己手脚，“人治”意识未彻底清除。而政府与企业的关系在分清之后，国有企业走上了公司化治理的道路，只是国有企业经营规则的规范相对滞后，特别是在 2008 年国民经济发展宏观调控的时期，明显表现出不协调。政府仍然把重要的大型国有企业（包括垄断性行业的企业和金融企业）当作政府机构看待，而这些大型国有企业却不再与政府站在一起，反过来有把政府当作利益博弈对象，从而加大了政府宏观调控的难度。而地方各级政府之间则存在为实现发展目标而竞争的问题。要解决合理分工，实现协作，必须为各地制定符合大局和地方优势的发展方向，通过优势产业区划划分布局，为地方政府确定分工协作的地方发展目标，上级政府则通过转移支付制度予以全面协调发展。目前，法制化处理中央与地方之间财权和事权的合理划分，地方各级政府之间良性竞争，以及国有企业的规范经营问题，这三个问题必须尽快解决，只有这样，中央与地方、地方政府之间、政府与企业之间才能走上合作共赢的良性轨道。

民主协作型体制是一种参与各方共享合作收益的体制。政治组织向下负责能体现地方利益，过分了则会造成各自为政不顾大局的情形；向上负责能体现大局利益，但易脱离民众，漠视民意。中国共产党为此建立了兼顾上下的一整套制度，可惜因没有严格的法制化和缺乏可操作性，导致一整套的民主制度并不能很好地实施，最终仍然演变成向上负责的体制。解决上下兼顾的问题，通常是在内容上围绕人、事、财三方面动脑筋。人方面的处理办法可以由下面提供人选上面决定，或者是上面提供人选下面决定，这些做法都是当前正在实施的办法，结果是上面认认真真地提名任命，下面随随便便地写名画圈举手，一切还是照旧，仍然是上面说了的就会成为最终的结果，民主过程仅仅是形式而已。事方面的随意性更强，下面的事总是上面布置下来的，而下面想做的事通常上面不太愿出面支持，往往默许就是支持。好事上下争，难事大家推，最终是好事往上收，难事往下推，慢慢演变成“上有政策，下有对策”。财方面同样是上下相争，最终当然是下争不过上，成了“上面喜气洋洋，下面哭爹喊娘”的局面，许多经济落后地区的国家机关都是在经费无法保证的条件下运作的。在政务的运作上则以各种形式的指令来推动和贯彻工作，而不是通过法律形式确定各自职责，使上面能牢牢掌握主导权。民主协作型体制在于能建立向上负责和向下负责同样重要的机制，引入竞争性民主以解决民主集中制存在的问题，引入地方人大设定指标以解决地方政府只是围绕上面指挥棒转的问题，引入财力相称以解决事权和财权不相称的问题，引入法制化以确定上下级之间人、事、财权的关系，从而解决随意的政策变动导致的政策不稳定问题，通过这四方面的针对性措施从而解决目前过分强调向上负责所出现的问题，因而也可以消除基层政府不得已向村一级转移压力的根源，为村民自治创造良好的外部环境。在民主协作型体制下，基层政府才能够从原来的全面干预向部分干预转变，从向上负责到同时向上和向下负责转变，从指令型管理向指导型管理转变，从临时性的政策调整向稳定性的法制调整转变，从管理为主向服务为主转变，从领导的角色向指导、支持、帮助和监督的角色转变。

二、改革农业发展宏观层面管理职能，实现农业生产和管理模式的转变

解决政治问题不能局限在政治领域中，期望村民自治能取得更好的成果，还必须抓住当前农村中农业生产方式落后这个关键问题，换个角度也可以说是解决农民增收问题。农业生产方式未能完成由传统农业向现代农业的转变，不仅制约了农村民主制度的发展，也是农村所有问题的总根子。

（一）靠农民自身力量无法完成向现代农业的转变

改革开放以来农业的发展和农民的收入可以分为三个阶段：

第一个阶段是1978年至1984年，这是农村经济体制改革的重要时期。家庭联产承包责任制的实施使农民的利益与自身的劳动付出直接相关，利益的驱使激发了农民的生产积极性，农产品供给的增加带动了农民收入的第一波高潮。

第二个阶段是1984年至1996年，随着经济体制的改革从农村走向城市，农产品价格和购销体制也跟着放开，引发农民根据市场供求调整土地种植布局和从事其他产业的结构调整高潮，农民迎来了第二个增收较快的时期。

第三个阶段是1996年至今，纯农业的种养产业与农村工业等其他产业基本分离，从事工业等其他产业的农民能够继续实现增收，但从事纯种养业的农民进入增收停滞甚至倒退时期，农民工大迁徙，农村劳动力只剩下“386199”部队，即农村劳动力只剩下妇女和退出劳动领域的老人。农业、农民和农村的“三农”问题随之凸显出来。

在我国改革开放之初，刚刚从短缺经济走出来，几乎所有商品都处于卖方市场，只要能增加农产品的供给，农民都能实现增收。农产品总供给增加导致农民的增收，在这个阶段里，农民可以不管市场的变化，只要埋头苦干，就能增收。“埋头苦干”是农民增收第一波高潮的特征。

第二波增收时期应当说是属于农产品即粮、棉、油等大宗主要农产品和其他经济作物供给结构不平衡所提供的增收机会，通过调整农产品生产布局，增加其他市场需要的高附加值农产品的供给，农民增收的幅度更大。在这个时期，农民开始需要注意市场变化，必须边看边干，才能增收。“边看边干”是农民增收第二波高潮的特征。但在1996年以后，农产品进入供过于求的买方市场，特别是曾经带来较大收益的经济作物更是如此。不仅许多农民的埋头苦干已经失去作用，就是注意市场的农民不管怎么改变种养结构，边看边干也同样找不到市场。至今，纯农地区的农民仍然很无奈又困惑。因为在这个农民增收滞缓时期，农产品供给总量和供给结构都处于饱和甚至是过饱和状态，当前流行的名词“红海”是对此最好的诠释。要实现增收，唯有走开辟“蓝海”的道路，如采用提高科技含量的优质农产品、新产品和安全农产品供应，以及机械化、化学化、生态化、可控化等经营措施，采用以降低经营成本为主要目的的多种形式的经济合作组织等新的集约化生产组织模式，采用提高市场透明度和抗市场风险的产供销联合和跨地区跨行业的物流、信息、技术和资金的协同或联合的经营模式，等等。农业已经进入现代农业时期，需要的是现代的农民，而这些显然不是从事传统农业的传统农民靠自己的知识和经验就能具备的新思维和新技能。形势如此急剧地变化，而传统农民的适应能力又较弱，农民滞收也是一种必然。

如果有人说，在第三阶段即目前这个阶段，农产品供给总量和供给结构并不是都处于饱和甚至是过饱和状态，那么，前些年来的粮食供给不足问题和今年的农产品价格整体上涨问题，不是可以认为农产品供给仍然不足吗？如果我们考察整个农产品的价格控制机制及农产品的利润决定机制，就知道以上这些问题的出现更凸显农民对市场的无奈。先不说粮食价格之低无法使农民增收，就算是最近几年对种粮农民直接补贴标准的不断提高，包括中国共产党十七届三中全会还决定继续大幅提高种粮直补标准，但农民种粮的利润仍然很低。现在已经带有一种普遍性规律，只要大宗农产品价格一提高，农业生产资料价格就会随之以更快的相对速度提高，从而使农业生产成本提高的速度更快并吞噬掉农产品价格提价带给农民的利润。笔者长期跟踪一个年出栏在万头以上的广东省内生猪市级龙头企业，前几年，生猪收购价基本稳定在每公斤 7.20 元左右，生产成本则在每公斤 6.20 元左右，毛利润每公斤约 1.00 元；今年生猪价格飞涨，高峰阶段的 5 月收购价格达每公斤 19.00 元左右，而生产成本在每公斤 13.00 元左右。9 月生猪价格回落到每公斤 13.00 元左右，而生产成本仍然在每公斤 12.00 元以上的高位。农产品的生产者在市场的价格决定体系中基本没有话语权，包括粮食偏紧的时期。成品粮市场能够较大幅度提价，而收购原粮环节并不能跟着提价，只能等到国家提高粮食收购保护价后市场才会提价。农产品利润率低下的情况自 1996 年以来一直没有改变过，而农产品价格提升部分基本转移到了生产资料供货环节。

回顾改革开放农民增收状况变化的整个时期，分析所有的现实都能够说明一个事实：农民其实一直是一个缺乏市场能力的弱势群体。

农民这些年来，从多投入、多转产就多得益，到多投入、多转产反而多损失的转变中，最无助的就是不知道要生产什么才好。今年生产这个品种收入不错，明年能继续吗？他们如同一只竹筏漂泊在茫茫的大海上，那种无奈的心情是他人无法体验的。可惜我们许多的政府官员和学者却从农村实行家庭承包经营责任制后得出与此不同的结论，认为农民是一个非常聪明的具有自主能力的市场主体，他们完全有能力解决生产经营问题，只要坚持政府不要干预的政策，农业和农民就能得到发展。不但如此，还给农民自主参与市场竞争的权利，无疑是把不会游泳的人推入海里，然后鼓励道“你行的，改革开放后你闭着眼睛都游得很出色，现在又有了经验，应该更行了”。中国有一句关于中药的话，叫做“大黄救人无功，人参杀人无过”。既然人参杀人无过，好话害人也不会受到责难。对农民市场能力的不实夸奖导致农民被捧杀，客观上政府逃避了对弱势农民扶助的社会责任，就算是无心也不是罪过。明白了这一点，政府就应该为农民抛出“救生圈”。有学者认为：“在农民进入市场过程中，不仅要有正向的保护，也即赋予他们完全的市场主体资格，使农产品的价格能够反映其内在价值，还要有反向的保护，也即尽可能地消除一时一地的供求不平衡而导致的农产品价格对其内在价值的偏离拉力，使农产品的价格最终和其内在的价值大致相符，从而保证农业的综合收益能和其他产业大体持平，甚至还要略微高一些。”①

（二）现代农业呼唤政府农业管理思路的转变

当前从事农业生产的农民究竟处于怎样的生产状况呢？

第一，中国的农民一直都处在土地短缺的环境下从事农业生产的状况，至今未变。其严重的程度可以通过土地和人口的关系体现出来，而在这个方面，可以用国人最敏感的两个国家的数据来说明。一个是中国人认为极可能也会像我们一样陷入人口困境的印度，一个是资源极为匮乏的日本。与印度相比，耕地占国土面积的比重，中国为9.96%，印度为55.96%；人均占有耕地面积，中国为1.22亩，印度为2.89亩，中国是印度的42.2%。以农村劳动力拥有的耕地数量与日本相比较，中国劳均耕地是0.29亩，日本是1.1亩，日本是中国的3~4倍。

第二，随着农业技术的飞速发展，农业劳动生产率也大幅提升，许多发达国家的农业劳动力的劳动生产率已经与工业没有差别，农业产业收益与其他产业大

① 曹荣庆．中国农产品市场的两大缺陷．经济学消息报，1998-04-24

致持平，而我国的差距却仍然很大。由于我国的农业生产方式受到土地不足的制约，一直停留在小农经营的生产规模上，为了社会的稳定，不得不牺牲农业发展的经济目标，即以牺牲提高农业生产率所需的规模生产为代价让农业吸收更多的农村劳动力，导致广大农村仍然处于家庭经营规模之中。虽然许多政府官员和学者都在谋求农业产业化的形式，但这种以农业龙头企业为龙头带动的农户的联合却没有实现预想的示范效应，更多的只是模范意义，无法在实践中推广开来。究其原因，主要是农业龙头企业无法承担起帮助大量分散农户的重担，温铁军在《中国农村基本经济制度研究》一书中就认为，当年的国家正是无法与分散的农户进行交易而推动公社化的。现在的政府仍然没有这个能力，企业同样没有这个能力。

第三，农业生产受自然条件的影响较大，因此生产风险和市场风险都很大。大规模生产的农业龙头企业自身也无法承担农业风险。农业企业需要通过保险来平衡投资风险，而我国的农业保险业经过探索后，没有保险企业愿意继续开展农业保险业务，有些专家学者一直呼吁国家参与的农业保险又因为种种原因没有建立。巨大的市场风险和与分散农户的巨大交易成本使得农业龙头企业步履维艰，一着不慎，都将有灭顶之灾。

第四，虽然国家和各级政府都感激农业龙头企业的社会贡献，采取了许多扶持农业龙头企业的措施，但这些都只是锦上添花。而扶持措施都是事后的鼓励，而不是用在对农业龙头企业的培育上。如得到扶持的农业龙头企业的认定，是在企业发展到相当规模以后才能被确认的，在进行扶持之前，企业已经在发挥龙头作用了。又如农业龙头企业的贴息，是在企业获得银行的贷款之后才能得到的，而农业企业很难获得银行的贷款，银行一般不会贷款给相对风险大的农业产业，有贷款的也多在农业龙头企业的农产品加工这类有抵押品的低风险环节上。公司加农户模式提倡企业和农户利益共享风险共担的机制最终都只能由企业自己承当，导致农业产业化进程缓慢。

国家在解决农业生产方式从传统向现代转变的思路应当是：在无法解决土地增加供给的情况下，一方面坚持逐步向农业以外的其他产业转移劳力以减少农村劳动力的方式；另一方面从增强国家对农产品供给的市场调控能力，帮助农村转变农业生产组织模式入手，达到农村经济发展带动政治和社会稳定发展的目标。即在不改变国家现有农村经济制度和国家农业政策的框架下，在宏观方面，建立各级政府对农产品价格的市场调节机制，确保农产品价格和农业回报的相对稳定；在微观方面，通过相对稳定的农业回报诱导，促进各种生产要素向农业聚集，从而重构农业生产组织模式，实现协同型农业生产规模经济的目标。

1. 逐步向农业以外产业有序转移劳力

对于如何逐步向农业以外的其他产业转移劳力以减少农村劳动力，我们可以详细分析现有的农村土地经营状况，农村劳动力转移方式及涉及的工业化、城镇化和新农村建设问题。中国的农村问题被认为根源还在于人地紧张关系。从目前的情况看，特别是在南方农区、山区这种情况更加明显。因此，人们把目光集中在土地供给方面，认为人地紧张是因为土地供给不足，所以，要增加耕地供给和限制耕地的减少。温家宝总理一直强调要保住 18 亿亩耕地的目标，2008 年 8 月 13 日国务院常务会议上通过的《全国土地利用总体规划纲要（2006—2020 年）》及党的十七届三中全会关于《中共中央关于推进农村改革发展若干重大问题的决定》都再次确认了这一点。人地紧张关系是一个相对的指标，不是绝对的指标，它与农业劳动能力和土地供给的关系相关。如果将农业劳动力的经营能力与现实的经营面积作比较，即劳均土地面积与劳动力的经营能力之间关系的双因素分析可以有三种模型：①单位劳力能经营的土地面积小于单位劳力现实经营的土地面积；②单位劳力能经营的土地面积大于单位劳力现实经营的土地面积；③单位劳力能经营的土地面积与单位劳力现实经营的土地面积相当。显然，单位劳力能经营的土地面积小于单位劳力现实经营的土地面积不能认为是人地关系紧张，单位劳力能经营的土地面积大于单位劳力现实经营的土地面积才可以被认为是人地关系紧张。

但是，中国历来都处在人地关系紧张的状态中。梁方仲在《中国历代户口、田地、田赋统计》中提供的数据反映了从公元 2 年的初汉时期到 1887 年的晚清时期我国人地关系紧张并呈恶化的趋势（除隋朝因长年以来的战乱导致人口锐减以外）。这种人地紧张的关系还可以追溯到更早的春秋商鞅变法时期，秦国“废井田、开阡陌”的政策不仅改变了土地所有制，同时鼓励土地的开垦就是针对当时的土地紧张限制了劳动能力的发挥而定的。事实证明，通过鼓励土地开发确实增加了农产品供给，也证明了相对于劳动能力而言，确实有土地供给不足的问题。而现代科技的发展，良种的采用，化肥、农药及其他水利、交通等生产条件的改善，以及农机具的引入和经营措施的改进，使劳动力的土地经营能力更是大幅度提高，人地紧张关系又加剧了。可见，人地关系的这种紧张情况一直如此，这似乎使人地关系紧张是相对的观点失去了现实意义。其实，人地紧张关系相对论的目的不在于理论分析，而在于启发我们在无法持续增加农业土地供给的情况下，从农业劳动力的数量方面上寻找政策突破口。

国务院于2006年制定了《关于解决农民工问题的若干意见》，意见指出了农民工面临的许多问题，如工资偏低及被拖欠现象；劳动时间长，安全条件差；缺乏社会保障，职业病和工伤事故多；培训就业、子女上学、生活居住诸方面存在困难，经济、政治、文化权益得不到有效保障等问题仍然十分突出，提出了必须从我国国情出发，顺应工业化、城镇化的客观规律，引导农村富余劳动力向非农产业和城镇有序转移等解决的办法。这个意见最大的作用是表达了中央政府的态度，但这个意见和许多的政策一样，方向性、原则性等指导性解决问题的东西多，而可操作性的规定少，至今收效甚微。因此，解决人地紧张关系不仅要考虑增加耕地的供给和限制耕地的减少，更具现实意义的是要考虑减少农业劳动力的数量，即把劳动力从农业中有效转移出去。有效转移农业劳动力是农村向城市单向的转移，一般不再回流。然而，长期的人地紧张关系不仅造成农业发展受限，如出现因劳动投入对技术投入和组织创新的替代而出现中国农业的“过密化”现象，还造成农民对于土地认识的变化，使土地对于农民不仅有生产的经济功能，更衍生出保障生存的社会保障功能，以及与土地紧紧结合在一起的文化功能。从农民对土地的依赖程度和感情，可以明显地感受到土地的生产功能在某种程度上还不如土地的生存保障功能重要。因此，劳动力从农业中转移出去不仅要解决生产的经济问题，还要解决农民的社会生活问题，使其从社会生活和文化观念上彻底从农民角色中转变过来。但是我们的政策并没有很好地完成有效转移农村劳动力的任务，反而加大了整个社会向工业社会转型的难度。最显著的政策特点是从农村走出来的农民工最终还是不能成为城里人而需要回到农村继续当农民。这不是说农民不想成为城里人，而是农民无法留在城市成为城里人。亦即我们的政策没有做好接纳应该成为城里人的农民工问题，农民从农村走出来到城里，要找到工作，要能养家和安家，才能成为城里人。反推回去就存在诸如解决与户籍相关的待遇和迁徙、解决赡养老人和抚育小孩、解决子女教育、解决自身的社会保障等问题。现行政策的目标早已经明确农业要产业化，农村要工业化和城镇化。工业化是城镇化的主要途径，只有实行城镇化才能容纳农村人口的转移，农村人口的转移能更好地促进农业的产业化，这是非常正确的方向和目标。农村要工业化和城镇化，不管是就地转移还是迁徙转移，农民都必须非农化而成为城市人。我们现在是只有政策目标但没有实现目标相应的政策措施，反而有相反的政策措施。比如，没有户口的农民工子女入学就要交纳高出城里人一截的择校费，硬生生地把农民工子弟堵在了校门外，农民工或者回家，或者让小孩成为留守儿童；农民工的社保账户转移只能转成个人账户，无形中形成政府对农民工的掠夺。2008 年 3 月，广东省一政协委员指出深圳市 2007 年 439 万参保农民工中有 83 万退保（因以上原因转保不如退保），由于只能领取个人缴纳部分，政府“坐收”了 8 亿养老金。

现在许多地方都在出台政策以解决农民工待遇问题，但是都只是从财政压力方面去考虑能为农民工做多少事，而不是考虑如何围绕“工业化、城镇化和农业产业化”而转移部分农村人口。当前转移部分农村人口的最大不利因素是中国农村劳动力向城市的无序和无限供给，造成新的农民工对老的农民工的竞争替代，使老的农民工在一段时间后在经济压力、生活压力和情感压力等多重压力下又回到农村成为农民，新的农民工又在重复他们的前辈走过的路。这个循环损害的是农民群体的利益，得利的是企业和城市，最终伤害的是中国的现代化的进程。所以，这是一个恶性循环。解决问题的关键就是要打破这个循环。整体思路是打破农民工的无限和无序供给，实行培训持证上岗就业制度和进城农民工平等待遇制度。重点是通过建立国家农民工技能（包括农业的和非农业的专业技术）培训体系，有计划地引导有序就业，使从事农业和非农产业的农民在进入劳动力市场前合理分流；加大劳动服务和监察执法力度，创建城乡公平、全国统一、信息透明的劳动力市场，确保农民工在城市能站得住脚、稳得住身、扎得下根。站得住脚就是自己要有工作能安身，稳得住身就是收入要能安家，扎得下根就是要能承担赡老育小的家庭和社会责任。在这样的前提下，凡是阻碍这个进程的政策都要修改甚至废止。不仅在政策层面要做好接纳农民工的准备，在意识形态方面也要做好这个准备，才能实现社会的和谐进步。这一点可以学习韩国的“新村建设运动”。韩国的新村建设运动与我国建设社会主义新农村的理念是一致的。他们的新村建设运动在做法上不仅仅是农村和农民的事业，更是全社会共同的事业，诸如平等善待农民工的教育就深入到学校、企业和城市的每一个角落，一项新村建设运动竟然成了全国性的新生活和新观念的全民思想教育运动。这是成功的可借鉴的经验。

2. 增强国家对农产品供给的市场调控能力

对于如何增强国家对农产品供给的市场调控能力，熟悉计划经济的人是知道过去是怎么调节的。增强国家对农产品供给的市场调控能力，不是要完全回到过去计划经济时期的老路上，而是国家同样需要承担起这个保持农业、农村和农民稳定发展的调控任务。做法上则要抛弃已经被证明是失败的国家凭主观意志一手包办的调控体制，采用不再是指令性的而是指导性的引导手段，采取不再是行政性的而是市场性的调控方式，国家充分尊重市场主体的独立地位，平等参与市场行为，实现市场调控是这种体制构建的关键点。传统西方经济学的理论中有个“蛛网理论”，是学习西方经济学的人都会接触到的基础性的简单理论模型。“蛛网理论”是经济学用来解释某些商品，特别是农产品供给弹性的一种理论。它通过对属于不同时期的需求量、供给量和价格之间的相互作用的连续考察，用动态分析的方法论述诸如农产品、畜牧产品这类生产周期较长的商品的产量和价格在偏离均衡状态以后的实际波动过程及其结果。这些生产周期较长的商品都具有这样的特点，即都需要一定的生产周期才能生产出来，且生产规模一经决定后，在生产过程完成之前不能任意改变。因此，本期的商品价格取决于本期的产量，而本期的产量却取决于上期的价格。这是一个建立在经济事实之上的经验理论，以前西方市场化国家经常在需要的时候通过减少农产品的种植面积来减少农产品的供给和支持农产品价格，从而保证了农产品生产者的收入。“蛛网理论”虽然简单，但对于农产品供给和需求的变化规律却有着重要的解析和指导意义。无论是理论指引还是西方国家干预农产品价格的经验事实都可以提醒我们的决策者，如果说我国在走社会主义市场经济道路的话，那么，“社会主义”四个字就要体现在国家的社会责任上，这其中就包括体现在有效帮助弱势群体和弱质产业上。如果说国家要建立社会主义市场经济体系，要逐步退出竞争性经济领域的话，那么农业产业就是国家不能完全退出的领域。

运用“蛛网理论”，国家以指导性计划引导大宗农产品生产，辅之以建立国家农产品价格调节基金，必要时以市场行为参与农产品市场化运作影响价格，避免农产品价格的大起大落，稳定农产品供给，稳定农民收入，这是符合国家责任和市场规律下农业产业发展要求的制度安排。具体应把握以下两方面的内容：

一是以农产品优势品种和优势产业布局建立从国家级和省级农产品市场需求预测制度，以此制定生产布局指导性意见，引导生产。同时建立以国家级和省级为主的各级政府分级独立的农产品供给价格调节基金，在供给不足时组织进口和产品替代，在供给过量时运用市场行为实行政府收购以减少农产品供给量，保护价格，保护农民利益。笔者曾观察到一个镇级政府参与调节水果市场供应的小案例，因此，更加坚信对政府干预农产品市场供求的良性社会效果。2002 年，是岭南地区著名水果荔枝大丰收的年份，但是果贱伤农。以广东省饶平县联饶镇为例，当年荔枝的生产成本分析如下：每亩荔枝以种植 18 株，株产 50 公斤结果树计算，采果工价以每 50 公斤果 20 元计。年施肥 5 次，每次费用 30 元，共 150 元；年施药 14 次，每次费用 19.50 元，共 273 元；采果费用 360 元；地租 180 元。成本合计每亩 963 元，每公斤荔枝生产成本 1.06 元。高峰期荔枝销售价在每公斤 0.60 元至 0.80 元，每销售 1 公斤荔枝就要亏本 0.26 至 0.46 元。为此，联饶镇政府联系了一位在广西贵港市横县办罐头食品加工厂的饶平县籍王姓乡亲，与其签订了荔枝购销合约，商定联饶镇农技站所属的妃子笑果业公司负责收购荔枝鲜果，运到广西的加工厂交货，每公斤荔枝结算价 1.60 元。当时妃子笑果业公司分四个收购点，以高于市场收购价格的每公斤 0.80 元开始收购。待市场价格接近后又提价收购，一直提高到每公斤 1.20 元，直到市场价不再低于公司的收购价后才停止。半个月共收购荔枝约 130 多吨，结算成本为每公斤 1.72 元，每公斤亏损 0.12 元，总共亏损 1.56 万元。当年单是联饶镇的荔枝产量约在 5 000 吨以上，收购行动在荔枝采摘高峰才开始，平均每公斤荔枝增收约 0.40 元，不包括周边村镇受益的果农，估计联饶镇果农的增收应在 100 万元之上，这个个案中政府补贴农户的杠杆作用超过 60 倍![①]

二是建立新的农业生产组织模式。在公司加农户模式基础上做一些可以推广的可操作性改进，即市场—公司—专业户协会—分散农户模式。这是一个链条，具体机制是：市场机会吸引农业投资商，农业投资商与专业户协会建立供给关系，专业户协会组织分散农户共同生产。这个模式中专业户协会非常重要，它是中间环节，起着公司与分散农户之间的桥梁作用。为什么联结公司与农户这个桥梁不是村委会或是集体经济组织，或是眼下时髦的合作社呢？其实以上这些组织都可以成为这个中间载体，但都很难操作，村委会出头易走向行政化，合作社的组织太难，也易走 20 世纪 50 年代偏离农民意愿的老路。农村专业户是农村科技、信息和市场的最重要载体，他们在其居住的周围、生产地块的周边都是核心人物，许多农户的生产都是跟随他们走的，在农村中他们是实际的区域领头人，农民愿意与这些专业户形成协同行为，不管是组织成复杂的合作社也好或是简单的口头生产约定，专业户就能在他们的周围形成协同性的生产规模，进而成长为规模经济形态。这个组织在现实中也有非常好的基础和载体，只要将各个乡镇的各种事业性农业生产服务机构如农业技术推广站、渔业技术推广站、水利管理养护所、林业管理服务站、畜牧兽医站、农机站等的职能进行整合即可。

按照这样的思路，国家需要：①建立国家级、省级两级农产品市场供求信息

---

① 该加工厂王姓老板最后承担了联饶镇政府应承担的亏损额。

预报制度；②以国家级、省级两级农产品市场供求信息预报制度为基础，建立分级的农产品生产布局指导性计划；③建立以国家级、省级为主的各级政府独立的农产品价格调节基金；④建立国家承担最后风险的商业性农业保险制度；⑤建立单纯面向农业产业的专业性农业金融机构。通过建立以上制度，配合现有的政策，一定能稳定农产品价格，实现农业生产方式的根本性转变，使农业产业的综合收益与其他产业的差距逐步缩小，稳定农村和农民。农业的发展必然会带来农村社会结构、农民价值观念和行为方式的根本性转变，我们所期待的村民自治的民主化改革才有扎根的土壤，农村民主才会有深度而不局限于形式。

三、注重基层政府服务农村经济发展职能，推进农业产业化

农业的宏观管理主要由国家及省级政府承担，中间各级政府根据上级政府的总体精神予以配合，最重要的落实者是乡镇一级的基层政府和县级的农业主管部门，这个层级的政府职能主要是实现农业产业化目标。如何转变基层政府（包括县级农业部门及其附属事业机构，下同）职能，服务于推进农业产业化的大局，笔者将在对农村现状充分分析的基础上，从操作层面上对基层政府的职能重新进行设计，以期走出以往政府机构改革总是在分分合合、条条块块之间做文章的怪圈。

（一）农村体制改革的历程和转变政府职能的必要性

中国自 1997 年以来，农产品总量开始出现相对过剩的现象，农产品价格连年走低，增产不增收。出现这种农产品总量相对过剩，农产品销售困难导致损农的情况之后，大家都在寻找其中的原因，比较集中的看法认为主要是分散个体农民与社会化农业生产之间的矛盾。针对小生产与大市场的矛盾，全国掀起了推进农业产业化热潮，《中共广东省委关于大力推进农业产业化经营的决定》对农业产业化经营形象地表述为：“农业产业化经营是在家庭承包经营的基础上，以市场为导向，以提高经济效益为中心，依靠农业龙头企业的带动，把千家万户的农

业产前、产中、产后各个环节联结起来，实现生产、加工、销售的一体化、规模化、专业化和集约化的一种新型农业经营方式。”一时间，各级政府都大力培植和扶持农业龙头企业，在实践中“公司+农户”、“公司+协会+农户”、“公司+基地+农户”等龙头企业的经营模式应运而生，在一定程度上缓解了小生产与大市场的矛盾，但是仍然未能从根本上解决这一矛盾。主要是由于：①政府和企业都缺乏把握市场的能力，小农户在瞬息万变的大市场面前更是无所适从，难以形成强有力的生产者组织；②相当一部分的龙头企业并未真正起到带动农户作用，企业与农户之间利益共享、风险同担的约束机制流于形式，两者关系极不稳定，双方都追求利益最大化，相互不信任；③农业风险农民无法承担，企业同样无力承受；④现有的龙头企业多数是在自身发展起来后，政府才予以追认，起到的是锦上添花的作用，雪中送炭式的龙头企业培植，政府也无力支持；⑤农民组织化程度低，虽然涌现了很多由农民组成的生产、流通合作组织（如协会、合作社之类），但是由于农民素质普遍较低，有的是勉强凑合流于形式，能够真正起作用的属于少数，政府也未能在可操作层次上通过合作组织和公司（龙头企业）把农户和市场联结起来。农业产业化过程中的许多瓶颈如农业风险、资金投入、土地经营规模等仍然制约着产业化的推进，农业产业化程度仍停留在较低的水平。

鉴于目前从事农业的人员素质不高和规模过于分散，这些问题集中起来都是农民组织化程度太低所致。因此，提高农民组织化程度是维持和发展目前各种农业产业化经营模式的迫切需要。而目前实际实施的促进农业产业化发展的政策不但缺乏可操作性，更不能自发地提高农民组织化程度，提高农民组织化急需强有力的组织者。现行政策总是鼓励农民自发组织各种民间协会、合作社和中介组织，以及由农业龙头企业把农民组织起来，担心由政府出面组织容易出现各种没有生命力、流于形式的黏合组织。但现实情况是，如果不靠基层政府和基层农业服务部门，就没有一个合适的机构可以承担此项工作。按照目前政府机构改革的方向，政府将退出经济竞争领域，而提高农民组织化程度不可能回避市场因素，在操作上必然要求组织者介入某些市场过程或市场环节。我们基层政府和基层农业职能部门能否担当这一角色来推动产业升级呢？经过一段时间对农业的市场化实践后，我们终于发现发达国家走过的对农业这一弱质且重要的产业的扶持政策是中国必须学习的，国家必须承担起扶持农民、农村和农业的责任。那么，我们的基层政府和基层农业职能部门至少在现阶段应承担起提高农民组织化程度的组织者这一角色来推动农业产业化，此外没有其他选择。

（二）农业产业化的实践和目标模式

既然“公司+农户”、“公司+协会+农户”、“公司+基地+农户”等经营模式（组织模式）仍然未能从根本上解决小生产与大市场这一矛盾，那么，目标模式究竟应该是怎样的？有一种实践引起了笔者的注意。2004年，广东省饶平县联饶镇的荔枝和龙眼出口到美国，其中龙眼出口量居全省各个口岸之首，约占全省1/2。据介绍，该镇是第一次尝试出口业务，其成功之处是立足当地主导产业，建立高起点的安全农产品标准化生产基地，创办公司，开拓国内外市场。最重要就是在农业产业化的组织形式上进行大胆的创新，即以专业示范户为核心，由镇委、镇政府主导，农业科技推广站人员直接介入、牵头、组织，在自愿的前提下组成联饶镇果蔬专业户协会。协会充当生产者联结市场的纽带，立足市场需求，对内组织安全农产品的标准化生产，充分发挥会员各自的优势，进行技术交流、信息交流；制定、应用共同的生产标准、销售标准；开展技术攻关，推广应用新技术，解决农药残留超标问题等。对外开拓流通渠道，与生产资料供应商、产品销售商进行谈判，实现共同采购、共同销售，构建连接市场与农户的平台。通过以专业户为核心创办协会，由专业户辐射带动周围的分散农户，会员已享受到组织化带来的好处。2004年协会组织600吨荔枝、龙眼出口到美国后，全镇有60多户申请要求加入协会，体现了专业户对分散农户的辐射和带动作用。

联饶镇实行的“公司+专业协会+专业户+分散农户”和“市场+专业协会+专业户+分散农户”模式，是推进农业产业升级较为成功的例子之一。该模式与其他模式有两点不同：以专业户为核心和政府主导组织。这种模式之所以取得成功，是因为它适应了中国农村农业劳动力素质普遍低下和村社生活习性的现实特点，没有专业户的示范带动，没有一个组织能把分散农民普遍地、长期地、自愿地把分散农民组织起来，因而以专业户为核心作为一种做法比较容易被农户自觉接受。政府主导组织与现行行政改革目标虽然有冲突，但笔者认为，在现阶段，没有政府主导组织，其他组织确实难以完成，况且政府主导组织可以利用现有机构和人员等资源，不用增加资源付出，是比较切合实际的做法。

（三）现行乡镇农业管理模式和农业服务体系的不足及改革的方向

按目前公益性机构及其职能的设置，与农业产业化有关的基层组织是基层乡镇政府的农业办公室和农业技术推广站（包括林业站、渔技站等，因其性质相近，故略去，下同）、农机推广站和畜牧兽医站等事业机构。乡镇政府农业办公室主要负责落实与农业相关的各项法律、法规和政策，它是政府的农业工作部门，实际承担的是农村集体经济经营管理和农村财务核算审计工作。农业技术推广站的任务大致是：承担农业技术的试验、示范、培训、推广、经营及病虫草鼠害的预测预报，土壤肥料监测等；收集传递农业科技信息，反映农事动态，制订本地农业技术推广计划，引进新技术、新成果，开展农业产前、产中、产后系列化服务。畜牧兽医站的任务是：承担国家指令性的畜禽疫病防治、检疫和监督等，管理当地兽用药械市场；开展品种繁育改良、饲草饲料的生产利用和资源开发，组织畜禽科学饲养；开展畜牧技术培训、咨询以及优良畜禽、饲草饲料、兽医药械和畜禽产品的收购、加工、销售等服务。

目前，这些服务机构实际的运作状况远远不能满足农业产业化发展的需要。一是乡镇农技站仍局限于产中技术服务，服务范围太窄。随着市场经济的发展，要求农业和农民的生产经营活动由以数量为中心的传统农业、产品农业向以效益为中心的现代农业、商品农业转换。但在现代经济条件下，分散家庭经营投入的不足、技术的落后、信息的闭塞、流通的不畅，使得农户家庭经济力量难以与现代市场相抗衡。这时，仅为农民提供科技信息服务和技术推广已无法满足农民致富的需要，农产品销售难使他们更需要技术以外的市场信息服务等。二是乡镇农技站人员和农村专业户的技术水平没有明显的差距。目前，大多数农户尤其是种养专业户的科技意识、管理技术已达到一定的水平，农业技术人员无事可做，大部分农技人员因此被抽调到其他部门从事非农工作，基层农技推广体系似乎成了多余的机构。三是找不到工作对象。以前基层农技部门总是以村级组织作为自己的工作对象，并通过村级干部把政策和技术措施传递给农户。这种方式随着集体经营的解散早已行不通，至今一直没有找到新的有效的工作对象和渠道。

基层农技推广体系失去其效能早已成为共识，因此，需要对基层农技推广体系进行改革。广东省2005年就在潮安县进行乡镇农业事业单位改革试点。虽然该项改革的原则提到要“理顺职能，合理定位；整合资源，创新体制；统筹考虑，配套推进”，分离行政管理职能和经营服务职能，建立公益型农业服务运行机制。具体的做法就是合并机构，减少人员，经费全拨，垂直管理，笔者认为这是把责任归罪于分权机制，还是在老的改革思维里打转。改革刚进入人员分流阶段就不得不停下来，至于确立的公益型农业服务运行机制的目标更是难以实现。把建立公益型农业服务运行机制作为基层农技推广体系的改革目标是对的，先不说服务型机制垂直管理明显不如平行分权管理有效，农业服务机构本身脱离乡镇政府开展工作就很困难，整体推进农业产业化需要相互配合才能实现。改革农业服务运行机制不能总是在改变管理隶属关系上做文章，而应该在思维方式和指导思想上创新，即要围绕推进农业产业化的总目标重新进行组织创新。它包括：①观念创新。必须确立农业服务机构是推进农业产业化的主导力量，必须与时俱进，人员要具备市场意识和超前意识，而不仅仅是农业技术人员。②服务对象创新。要从原来服务到行政村转变到服务专业协会和专业户。以专业户为主要工作对象，使他们成为示范核心，并使专业户成为联结分散农户的纽带。③服务内容创新。要从以科技推广为主转变到以信息服务为主，包括市场信息服务、生产资料信息服务、科技信息服务等。④服务领域创新。不能只服务产中环节，要把产前、产中、产后服务有机结合，扩展服务领域。

通过比较发现，实现改革的目标模式并不难。它只是要求我们转变思维方式，明确目标而已，现有的所有资源可以重新利用，新机制的建立对旧机制的利益冲击极小。基层农业服务体系的科技人员长期工作在农村，与农民有深厚的感情，熟悉农业和农村情况，了解农民需求，掌握着许多先进的农业科学技术和农业信息。如果赋予农业基层服务体系以新的职能，利用他们自身的技术优势、人才优势、体系优势、信息优势，通过农民专业合作经济组织把农民紧密联合起来，顺应农业经济的发展要求，强化农技部门的服务功能，把基层农技推广体系打造成农业科技信息平台、市场供求信息平台、农产品和农业生产资料物流平台、专业协会组织者是完全可以做到的。

（四）改革的具体措施

积极引导、帮助农民提高组织化程度，是发展农业产业化经营的关键。在家庭经营和集约经营之间，家庭经营是基础，集约经营是方向。如何将这两者结合起来，应该在操作层面上进行积极探索，不然，提高农民组织化水平就成了一句空话。

1. 提高农民组织化的目标模式

按照“公司＋专业协会＋专业户＋分散农户”和“市场＋专业协会＋专业户＋分散农户”的目标模式推进农业产业化。要紧紧抓住专业户这个核心不放，专业户的积极性是考察提高农民组织化程度成败的指标。

2. 扶持专业合作组织

（1）在人员、资金、制度等方面创造有利条件，鼓励发展农业专业合作组织，只要是阻碍或不利农民走合作道路的原有政策规定都要废除，要及时制定有利于提高农民组织化水平的政策。

（2）帮助合作组织培养管理人才。合作组织的生命力，在很大程度上取决于合作组织管理水平的高低。要建立各种行之有效的培训途径帮助合作组织培养管理人才，提高专业协会管理人员的素质，进而提高合作组织的管理水平。

（3）采取奖励措施，对带动大多数农民的合作组织予以奖励，使其对社会发挥更大的推动作用。

3. 创新基层政府和基层农技推广体系职能

具体方案可分两步走。

第一步，对机构和职能重新设计。

行政机构方面可以作如下调整，其他方面不需变动：①县级农业行政管理。学习北方省份的做法，成立农业产业化办公室，整合县一级的相关职能和资源，专门负责推进农业产业化，围绕产业化的各个环节制订计划、设计方案、组织实施、提供服务，以及为政府扶持农业产业化提供政策草案和咨询意见。②乡镇政府农业行政管理。把原来的农业办公室分开，成立农业产业化办公室和农村工作办公室。农村工作办公室承担现在农业办公室的职能，主要是推行各项农村政策。农业产业化办公室主要服务于农业产业发展，以及行使农业行政管理职能，行政执法职能则统一由县级农业行政管理部门负责。

事业机构方面作如下调整：①县级方面。合并县级各个公益性农业服务事业机构，成立农业产业化服务中心。其下设立三个分机构，分别是种植业产业化服务站、畜牧业（包括水产业）产业化服务站和农业机械化服务站，各自服务于种植业、畜牧业和农机化的发展。这三个机构目前实际都存在，只是名称不同而已。如种植业产业化服务站基本上就可以是原来的农业科技推广中心，原来的病虫害测报站、检测中心、生物防治站、植物检疫站、农业广播学校及农（包括林、水产、牲畜）科所等机构都可以保留，重新整合后，在承担原来公益性职能的基础上，增加一些市场化的、组织化的功能。另外，因行业管理的分割，林业管理服务站和水利管理养护所无法合并在农业产业化服务中心之下，但其设置和职能都可以比照作必要的微调。②乡镇方面。与县的设置一样，合并乡镇农业技术推广站、畜牧兽医站和农业机械化推广站，设立乡镇农业产业化服务中心。其下不再细分，只分别设立种植业产业化服务站、畜牧业产业化服务站和农业机械化服务站，以及林业管理服务站和水利管理养护所。

从以上机构设置方案可见，这种机构改革的变化非常小。制度变迁理论告诉我们，这种制度变迁容易实施。这个机构改革方案的实质是利用现有资源，对目标和职能进行重新调整，落实的措施要明确基层政府和基层农技推广体系在农业产业化经营中应当充当组织者和推动者的角色，确定“事由谁做”，并尽可能减小对现实利益的冲击，以得到多数人的支持，从而完成改革目标。

第二步，减员、增人和培训。

减员，就是在核定编制的基础上对现有人员进行考试挑选，对非专业人员和不合格人员予以辞退。增人，就是按新增加的功能同步增加其他专业人员，重点是增加农业经济管理人员、市场分析人员。培训，就是对所有人员进行工作培训，重点是新的工作理念、新的工作职能、新的工作任务、新的工作方法等的培训。同时要保证乡镇农技推广体系有开展工作的经费。确保有合格的人员和经费是此项改革能锁定在“新路径”下的关键。

四、适当调整规范基层政府和村民委员会推行政务的职责

对于乡镇一级的基层政府和村委会，虽然有发展经济和社会事业的压力，更重要的是政务推行的压力，即社会管理事务的压力。在压力型体制下，法律、法规对许多基层社会管理事务的规定都有缺乏可操作性的缺陷，基层政府和村委会一样，无法在依法行政的前提下完成任务。所以，需要分清政府政务推行和村委会的社区管理职责，在权责相称的前提下，适当调整和规范基层政府和村民委员会各自要承担的政务推行职能和推行方式。乡镇政府与村委会的关系紧张多数源于此，村干部与村民的关系紧张也多源于此，这个造成农村不稳定的重大因素，根源是基层政府政务推行和村委会社区管理职责制度设计不合理。

（一）基层政府推行政务的职责和方式

政府职能根据与行政对象之间的关系，或者根据推行政府目标采用手段的强度不同可分为强制、管理和服务、引导三类。在公共事务管理中，政府的工作重点多数属管理和服务类职能，完全可以实现规范化。引导类政务是政府鼓励的行为，所以，不宜硬性规定。如前面所提到的提升农业生产方式的水平、移风易俗等之类的事务，必须通过政府和民众在自愿基础上共同努力完成，目的是为促进社会发展起示范推广作用。关于促进农业生产方式转变问题已有专门的论述，需要着重谈的是强制类事务的推行。

强制类事务是国家权威的体现，也是政府推行政务、要求行政对象必须履行义务时的最终手段，以确保社会处在秩序中。如行政对象不履行义务则可能导致社会分裂或失去秩序等严重后果时，要求政府必须采取强制措施。强制措施往往有较好的威慑作用和效率，但副作用也大，它会造成公民与政府之间难以弥合的隔阂。这类职能既不可无也不可多，应尽量减少政府强制类职能。同时，这类职能必须通过法律严格而明确的授权，依据法律授权范围对拥有的强制权的操作方法方式作出预设的或然性规定。行政性强制类措施需要作出严格的程序规定，一方面是防止行政权力滥用，另一方面是考虑一些政务推行由其他国家机关（如法庭）强制无法实现或较难实现。作为公共权力的分配，必然要考虑行政与司法手段的长短，一般涉及大多数公民都可能失范并且较易纠正的行为，由司法机关实施强制效率低、成本大，此类行为应暂时由行政强制，待大多数公民都能遵守规范后，再将强制权力从行政转至司法，这样才是合理的。在基层政府的职能中，如人口生育控制、土地等资源利用、环境保护等基本国策应由强制力保证实施，绝不能松懈。目前，基层政府对计划生育、殡葬改革、违章建设等许多工作都对违规者采用过强制措施。农村公民在这类违规行为中，一般是很难纠正的。如果没有严厉的威慑，都可能导致普遍的失范。但是，这些政务推行的法律法规虽然对公民的义务及对乡镇政府和村委会处理违规者予以规定，但是有权作出决定且采取强制措施的机关往往不能依法配合，而上级严厉的考核却只是针对乡（镇）村干部，迫使乡（镇）村干部越权采取强制手段。许多人看到基层干部在推行政务中出现的违规现象时，总感到基层干部素质差，殊不知除了素质问题外，更多的原因是被逼出来的。趋利避害的天性使人不到万不得已时是不会去冒险的，基层干部违规推行政务只是为了完成政务考核，从而出现把危机往下推的无奈做法。而共同的利害关系也使其上级对基层的违规做法睁一只眼闭一只眼，慢慢形成了走“邪道”的习惯，“正道”真也好假也好就这样被“忘记”了，等到危机暴露了再依法处理。此时，基层干部并不会理会上级政府的批评和指责，只有兔死狐悲的无奈和哀伤，还有就是加深了对上级的怨恨。

为了保持国家政令统一，保持国家政令畅通，不能以牺牲基层干部为代价，更不能妖魔化基层干部。所以，对强制性措施必须从可操作角度进行设计，对基层干部的考核如果以工作目标为主，则工作措施除了应作出严格规定的以外，要允许行政拥有更多的自由裁量权；如果以依法行政为主进行考核，则应当对行政事务作出更详尽的规定，要穷尽需要调整的某类行为的所有可能性，然后制定操作规程。这两种考核方式只能取其一，不然，在目前普遍缺乏可操作性的法规指导下，完成政府目标和依法行政往往难以两全。为了提高我国基层政府依法行政的水平，可以考虑以工作程序为主来考核基层政府，而不要以结果为主来进行考核。

（二）适当规范村民委员会的职能

村委会作为群众性自治组织，有义务管理好社区事务，也有义务配合国家机关推行政务。从村民委员会的实际运作来看，很难在《村民委员会组织法》中找到痕迹。《村民委员会组织法》对村民委员会职能的规定有第二条第二款、第五条、第六条和第七条，很完整地涵盖了农村社区秩序的管理职能和社区生产生活等公共服务职能。需要提出调整的主要是村民委员会某些带有行政性质的职能和现实中某些确实超出了村干部能力范围的职能两个方面的内容：一是分清村民委员会与政府组织的关系，村民委员会自我教育、自我服务、自我管理的性质决定了村委会是农村村民的群众性自治组织，不是行政组织，也不是基层行政组织的延伸，克服村民委员会的行政化倾向。二是分清村民委员会与村集体经济合作组织之间的关系，他们的职能分工有所不同，不能替代，而要有所侧重。村集体经济合作组织作为经济主体，要更多地发挥在经济发展中的作用，村民委员会则给予支持、帮助和服务而不是代替村集体经济合作组织的经济活动，克服村民委员会的企业化倾向。因此，建议规范法律规定中有关村民委员会某些职能的表述。如第五条第二款在“村民委员会应当尊重集体经济组织依法独立进行经济活动的自主权”，与后面第三款的村委会“管理本村属于村民集体所有的土地和其他财产、教育村民合理利用自然资源”有矛盾，村委会“管理本村属于村民集体所有的土地”，但属于“农村劳动群众集体所有”的农村土地是属于集体经济组织的，到底是不是村民委员会管理的范围，所以应对村民委员会和集体经济组织的边界再进行界定；第六条关于“应当宣传宪法、法律、法规和国家的政策，教育和推动村民履行法律规定的义务”的规定，“推动”容易引来过分的坚决措施，带有行政化倾向，将其改为“教育村民履行法律规定的义务”与后面的立法精神才一致。从村民委员会的工作方式和手段上看，第二十四条规定“村民委员会进行工作，应当坚持群众路线，充分发扬民主，认真听取不同意见，坚持说服教育，不得强迫命令，不得打击报复”，“说服教育”是村民委员会的工作方式和手段，绝对不能超越，所以“不得强迫命令”。这反过来也可以说明以国家强制力做后盾的政务推行职能并不适宜由村民委员会承担。因而，现在很普遍的各级政府间签订行政合同的做法，在乡级政府是不能模仿的，应该禁止乡级政府与村民委员会签订类似行政合同的做法，严格遵循村民委员会“说服教育”的工作方式，缓和干群矛盾，减少因村干部与村民的直接冲突造成的社区不稳定。通过规范村民委员会的职能，乡镇政府和村民委员会、村民委员会和村集体经济合作社职能分清了，矛盾也会减少。实际上，对村民委员会的职能，包括规定和操作两方面作出适当的规范还有利于降低政府和群众对村干部的过高期望。按照期望理论，降低人们的期望，可以降低人们的不满，提高满意度，这对于缓和干部与群众的矛盾冲突，维护农村社区社会秩序稳定也有积极作用。

（三）努力提高基层干部和村干部的素质和能力

既然在农村实施村民自治是国家输入型的制度变迁，那么国家就应该承担起培训合格的制度实施人才的责任。民国乡村自治时期就特别注重这一点。指导和实践了中国第一个乡村自治定县翟城村自治的中华报派的村治方案中，认为政府要设立村治育才馆。“必须本周礼‘以乡三物教万民’，及《大学》‘明德亲民’之乡制古意，结合直隶翟城村、山西、云南等地村治成规，编成讲义，由中央及各省区开办村治育才馆使用。育才馆招生办法，在中央可由各省旅京人士自由投考，各省区则由各县乡村资送学行兼优者（每县 50 人），入馆学习 4 个月。第一班毕业回乡后，即着手组织村治，该馆仍接续招考，直至所属各地村治一律完美组成为止。其办理经费除由各省区及各县分担外，概由中央筹措，或由中央拨济。”[1] 不论是乡村自治还是村民自治，最重要的制度实施人才就是政府基层干部和村干部。基层政府和村委会的职能转变都需要干部去落实，特别是对于基层政府和村委会干部应当承担而又做不好的任务，应该通过加大对干部的素质培训力度，迅速提高干部的管理和服务能力来解决。基层政府的干部要以政务推行业务培训为主，政务推行培训重点是提高指导村民自治进程的能力，业务培训重点是促进农业生产方式现代化的能力。对于村委会干部，当务之急一方面是加强维护村里秩序、调解村民纠纷、办好村内公益事业等社区公共管理的能力培训；另一方面是推进农业产业化，带领村民致富，包括如解决劳力出路、组织专业户形成合作组织、帮助村民产销农产品等服务社区生产和社会发展的能力培训。对村民委员会成员的培训，《村民委员会组织法》对此没有作出要求，一些地方如广东省虽然在地方法规中规定要对村民委员会成员实施培训计划，但各地基层单位对此项工作并不重视，因此，可以建立持证上岗的制度，采用对当选的村民委员会成员实施强制培训的办法，快速有效地提高村干部的素质。一切制度都要靠人去实施，没有合格的干部，再好的制度都将成为一纸空文。这是村民自治制度实施的关键，也是解决农村社区管理问题、维护农村社区稳定局势的关键。

五、围绕“四个民主”审视和矫正脱离村民自治精神的现象

（一）关于民主选举

首先，按照现有的《村民委员会组织法》和省级实施办法，村委会的民主选举经常难以严格地实现。最能说明这个问题的带有典型意义的资料来自江苏省委宣传部课题。该课题组2006年对江苏华西、安徽小岗、山西大寨、天津大邱庄等10个中国农村著名村庄及其附近10个普通村庄进行对比调查，调查结果显示有87.6%的被调查对象认为村干部是“通过选举产生的”，但其中符合法律程

① 李德芳．民国乡村自治问题研究．北京：人民出版社，2001．85

序的选举仅占56.7%①。像这些村庄的民主选举尚且如此，其他村庄是否能做得更好是令人怀疑的。《村民委员会组织法》第十五条“以威胁、贿赂、伪造选票等不正当手段，妨害村民行使选举权、被选举权，破坏村民委员会选举的”所列三种违法情形，或者没有罗列出来的其他情形，其实都因为民主选举的敏感性和缺乏操作细则，很少有机构愿意出面去处理。同时，也因为村民不太注重自身的政治权利，使许多违法选举现象没有暴露出来或难以取证而得不到处理。这一方面需要细化对选举中的违法行为的法律追究办法的制定，使有责任的机关能够依法依规对选举中的违法违规行为予以处理；另一方面要反思选举办法是否适合农民。仝志辉在《“后选举时代”的乡村政治和乡村政治研究》一文中就认为：“违法操作选举是否与选举程序过于细致、严格使得学习掌握程序难度高、操作程序成本大有关；村民在选举中违法是否与选举环节过多过于细致客观上增加了村民学习的难度，也增加了恶意利用程序达到不正当目的的机会有关。很多案例已经证明了这一点，正是在选举中过于强调程序的细致和严格才导致了违法行为的增加，从操作选举的政府和村选举委员会，到参与投票的村民，都是如此。”②

村委会选举办法是否适合农民的问题，还让我们思考得更多。中国这么大，以省级为单位制定实施办法统一选举程序，或许难以有效地指导千差万别的农村。既然是村民自治，那么是否可以考虑允许村民在各自的村委会选举中有自己的选择权呢？亦即可以考虑在不与各种村委会选举办法相关的法律法规冲突的情况下，由村的选举委员会根据本村村民认同的方式制订草案，经村民代表大会或村民大会通过后实施。这样做更能体现村民自治精神。其中，有几个问题需要重新讨论。

一是村委会选举是否唯一只能以选民个人行使选举权，还是可以以户为选举单位？仝志辉在《“后选举时代”的乡村政治和乡村政治研究》一文中就提出了这个问题。他认为“一人一票”及落实它的一系列细致严格的选举程序，在实

① 江苏省委宣传部课题组．农民眼中的社会主义新农村．党建，2007（3）

② 仝志辉．“后选举时代”的乡村政治和乡村政治研究．“中国农民组织建设国际研讨会”论文集．2008

践中遭遇较大的困难，困难的根本原因是它背离了村委会选举具体展开的社会基础。这一社会基础中最本质的是农户，是农村经济社会生活的基本单位，而“一人一票”仅仅抽象地借用现代民主的原则，将个人作为农民利益表达的单位，这就必然造成和社会基础的错位，导致执行中的困难。如果我们承认农户是农村中一个基本的认同和利益单位，那么我们为何不根据这一基础设计选举制度呢？应该结合“一人一票”和“一户一票”的长处，设计出一个足以适应当前农村社会基础的选举制度。只需在全国性法律的规定中，规定什么样的农户是拥有一个投票权的基本单位，对于更为具体的情况，可以在全国性法律中进行列举，但规定由村民选举委员会自行决定。另外，对于“一人一票”的户内委托问题，全国性法律也可以规定，在拥有两张以上选票的农户中的选民，如需要委托，可以取消书面委托的程序，改由该农户中的村民向选举委员会口头说明，由选举委员会进行登记。这样，就可以在户内委托投票时取消书面委托环节，大大简化选举程序。这是一个视野开阔且有现实意义的观点。其实，我们的法律已经承认家庭联产承包责任制或者家庭经营作为农村基本的经营制度，也就承认了“农户是农村中一个基本的认同和利益单位”这一点，“政治是经济的集中体现”，允许“一户一票”或者对“一人一票”进行改进，既符合法理，也符合农村的传统观念和日常行为模式，鉴于现阶段农民政治参与的独立性状况可以允许“一人一票”和“一户一票”并存，更加可以取消户内委托需要书面文件的做法。

二是选民的身份确认是以户口，还是结合职业与常住状况？在人口流动性大的今天，以户口作为确定选民身份已经明显不符合政治权利确认的法理依据了。政治权利主体的确认从法理上看，是因为权利主体与该地区的政治活动有利害关系。以前人口流动性小，户口所在地也是人口的职业所在地，也是其常住地，户口迁移除了婚姻之外，多数是因为职业的变动。而现在户口与职业、户口与常住地都呈现出不一致的状况，所以应该重新考虑这个问题。同样，应由村民决定是以户口，或者以职业所在地，或者以常住地确定选民身份，还应允许户口与职业和常住地不同的农民拥有两个地方的选民身份。

三是村委会成员的任职资格是否局限在拥有本村户口人员中，还是可以允许非本村籍的其他人员成为候选人？这个问题与农村干部资源缺乏有关。因为农村干部资源的缺乏导致村民自治难以实现“善治”，是目前村民自治存在诸多问题的很重要的因素。中国传统的乡村治理都离不开乡绅治理，乡绅一直是农村社区治理的主要人才来源，是农村的政治精英。而当前农村的精英人才从农村流出是非常明显的，并且不再回流。治理人才的流失使村庄治理的“善治”无法实现。从逻辑推理也好，从实证调查分析也好，农村人才流失已经带来农村社区治理的危机和农村发展的危机，这也是村民对村民自治效果不满意的地方，这都是人才的多元化发展带来的农村社会结构变迁引起的。要实现农村的“善治”，必须扩大村委会人才来源。人才可以有三方面来源，首先是户口不在本村，籍贯在本村的人士。这些人员是村里的人才库，他们中有干部职工，也有一技之长的务工人员，也有企业经营者，等等，通常他们的经验和见识都优于村里人。其次是本村籍的超过劳动年龄的老人。我们很反感老人政治，这没错。但在缺乏社区治理人才的农村，我们不能随便反对或取笑一些地方的老人治理。江苏省华西村 79 岁才退休的吴仁宝就是一例。再次是外聘人才。这在经济发达地区的农村已有这种做法，但只限于担任村里的工作，没有进入村委会。在解决了职业和常住地是选民身份的确认依据之后，外来人才成为村委会成员的身份障碍将得到解决。

四是让竞争无序进行还是让竞争规范正当化？除非没有人愿意当村干部，选举才没有竞争。只要有人想当村干部，民主选举就必然存在竞争，只是在某些时候竞争不太激烈而已。目前村委会选举中的竞争暗的多明的少，包括村民在内的多数人总是感到奇怪，难道政府对这些不正当的竞争做法不管吗？不规范的竞争行为既有来自村民的，也有来自基层政府和村党组织的。由于缺乏竞争细则，担任“导演”任务的基层政府和村党组织确实很难做事，既要确保公平又要完成提名人中选的任务。事实上，政党提名村委会成员候选人是政党最基本的功能和职责，提名要争取得到村民的认同，但并不是要包揽垄断，如果拒绝竞争、拒绝被选择，则不必这么麻烦搞民主选举。虽然总说鼓励正当竞争，但没有竞争细则，就缺乏对竞争行为进行评价的标准。竞争的目的是让村民对候选人更加了解，村民可以更加理性地选择，便于选出政治精英。所以，竞争的规则设计，首先要确认必要性。这是观念问题，中国人总讲究辞让，缺乏“当仁不让，舍我其谁”的豪气，导致真君子不争，伪君子挖空心思拉选票又禁止不了，所以要转变做法，不是鼓励竞争而是必须竞争！使所有的人明白，不管是被推荐的还是自荐的候选人都必须参与公开的竞争，竞争的个人政见宣传也是对村民的承诺。其次要确保正当性。竞争中的政治动员行为极易出现问题，不管我们的预想多么精细，总不如由村选举委员会提出初步方案而由候选人达成一致意见为好，这样可以免除对公平合理的质疑。

（二）关于民主决策

现有对村民民主决策最重要的是两项制度，一是村民会议作为最终决策权力行使机构，一是“一事一议”。村民民主决策制度与民主选举制度存在的问题一样，皆因烦琐而难行。不论是组织行为学大师马克·韦伯对直接民主条件的论述，还是马克思主义的鼻祖马克思对巴黎公社革命所确立的公社原则的论述，在冷静中都流露出对直接民主的偏爱，可惜终因直接民主的条件要求过高，操作难度过大，而使人们更加现实地认同密尔所推崇的代议制民主。对于缺乏政治参与习惯的中国农民而言，理性地选择小规模的村民代表会议作为村民民主决策的制度，是解决民意代表性与理性相平衡的优化方案。所以不仅要完善村民代表会议作为经常性的民主决策制度，也要完善村委会在听取党组织意见和收集民意基础上，向村民代表会议提交决策草案的制度。这是分散决策权力的做法，所以村民代表会议要设立专职人员负责，不能如《村民委员会组织法》第十八条和第二十一条所规定的“村民会议由村民委员会召集”和“由村民委员会召集村民代表开会”。如果党支书没有兼任村委会主任的，可以提议推选党支书兼任村民代表会议和村民会议召集人；如果党支书兼任村委会主任的，应当另选召集人。

（三）关于民主管理

对于民主管理，许多学者提出了让村民参与更多村务管理的改进措施，这种极端民主化倾向是对中国农村现实根本不了解的表现，最终会损害民主制度。通过民主选举村委会，由村委会依法依规，依照村民自治章程和村规民约履行职责，这就是民主管理。这也是理论和历史现实都已经清清楚楚证明了的、最优化的、有制度存续生命力的代议制民主或间接民主。绝不能片面地要求扩大村民直接参与村务管理范围，应该放手由村委会履行民主管理的职责，而不是再安排多几个“婆婆”。村民选举出来的政治精英都没能把村庄治理好，以为扩大村民参与社区治理就能够改善绝对是一种幻想。至于村里的政治精英没有把村庄治理好，应该在对村干部的培训方面下工夫。对村干部的培训前面已经讲过，也讲到政府对解决农村问题的重点放在提升农业生产方式上，则农村有了正确的方向；在这样的前提下，加上村干部通过培训使带领村民发展经济的能力提高了，农村的许多问题在村民自治的条件下是可以得到较好解决的。因为农民最想要的结果是经济发展问题得到解决而不是其他。

（四）关于民主监督

从村务公开制度、财务公开制度等监督制度，到民主理财小组、廉政监督小组等监督组织，已经有很多的民主监督措施在实施，只是有这些制度和组织却没有很好地发挥监督作用。所以，要解决的不是各种监督制度和措施的设计和推行，而是如何发挥民主监督作用的问题。我们的监督制度的设计主要是因为监督理念的问题，导致没有解决选择有效的监督人员和监督环节的缘故。现有监督制度的设计主要是事后监督，应该改为以过程监督为主，这就使得监督人员必须在各个关键的环节都提前介入。监督人员必须是有业务能力的人员，这是在民主选举之后最应该加强的事项。

（五）村民民主意识的训练

作为一项新的政治制度，农民在村民自治条件下的角色转换过快，从纯粹的被管理者到当家做主确实一下子难以适应，也难以熟练地把村民自治的精神和形式都从行动中体现出来，这就需要对村民进行必要的民主训练。董汝舟 1935 年在《中国农民离村问题之检讨》一文中，对民国乡村自治时期的研究分析就指出："地方自治的实施，要以农民能运用民权为先决条件。而民权的运用，又要以农民有训练有组织为前提。"在《定县高头村自治周年实施计划大纲（1933年7月至1934年6月实施）》中，就特别注重自治训练这一点。该大纲第五条单列规定要"筹设乡自治训练班。招收本村粗通文字之人开短期训练班，以便村人明了自治之意义而培养自治人才，拟于秋后农闲成立。请义务教员担任课程、学员讲义等费，均由村中设法筹措"①。

我们对村民民主意识的训练主要是民主精神的学习和民主选举、民主决策、民主管理、民主监督等程式的学习。一方面要全面宣传，使人人皆知；一方面要在实际的事务处理过程中予以讲解和指引，因为实践是最好的训练。另外，由于我国村民自治的推行工作确实对推行制度的干部培训不够，所以要补上这一课，还是以典型引路为好。具体做法就是在每个乡镇都要办好村民自治的示范村，通过示范村把村民自治的模型活生生地展现在周围农民的眼前，让他们比较、模仿、学习。

---

① 转引自李德芳．民国乡村自治问题研究．北京：人民出版社，2001. 179，204

结　语

对于中国的村民自治，我们看到很多人都抱有极大的期望和热情，现在看来似乎要加上一句“除了农民以外”才合适。这不能不说是一种遗憾，也因此引起笔者写作的冲动。笔者丝毫不怀疑学者和官员对农民都有感情，希望他们过上好日子；也不能不承认是中国的农村拖了中国现代化的后腿。无论是从国家的兴盛，还是从人文关怀的角度，都应该让农村好起来。可惜我们都不是农民，可惜我们没有和农民“三同”（过去曾有过的同生产、同居住、同生活等与农民在一起过日子的方式），可惜我们不能以农民的视角和思维方式看待农村事务，我们真的不是很了解农民的，我们只是认为农民可能这样可能那样，于是想象应该这样或者应该那样对农民才有利。笔者自大学毕业，就一直跟农民打交道，无论是在乡镇，还是在农业系统；无论是一般工作人员，还是能实践个人理念的镇委书记、农业局长，感觉都一样，至今没有改变——那就是农村工作确实也易也不易，猜对了农民的心思就容易，猜不对就不易，因为我们的政策设计前提里没有注重农民的愿望和行动逻辑，能总是“猜对了”那么幸运吗？所以还是要回到注重农民这个主体的思想活动为好，回到注重农民的价值追求为好，回到注重农民的集体行动逻辑为好，回到注重农村社会的结构和文化观念为好……

本研究正是明白了这些不足，尽量从以上这些角度去看待国家、地方与农村的利益关系，以及高层官员、基层干部与农民的利益关系，从而寻找一种能够兼顾这些利益关系、和谐共赢的思路，并找到政策切入的关键点以推进农村社会良性发展。显然，这个关键点在农业生产方式而不是村民自治，但村民自治能够创造有利于农业生产方式现代化的思想基础。村民自治的影响重要的方面可能不是对农民的影响，而是民主实践意识带来的民主意识对权力来源和权力运作的思考和对政治力量的提醒，从而使写在纸上、挂在嘴上的“执政为民”有更加有效的具体行动。对于村民自治制度的完善，还是应从尊重各方利益出发，再应用心理学的理论，对个体的和集体的行动逻辑进行分析，从而找到完善制度的切入点。

附　录：

村民对村民自治态度调查问卷

尊敬的农民朋友：

我们是暨南大学人力资源研究所的调查员。我们正在作一项关于农村直接民主实践的学术调查。调查以不记名方式进行，调查结果仅用于项目研究，调查材料也不公开。请不要有任何顾虑。您的意见越真实，对改善农民的状况越有帮助。请您花十多分钟时间配合调查，我们在此表示感谢！

现在，我们开始访问。(请将回答码填在题号后面的空格内)

一、基本情况

1. 你现在的身份是：①干部　②群众
2. 你的年龄是 ________ 周岁。
3. 你的性别是：①男　②女
4. 你的文化程度是：

①大专及以上　②高中　③初中　④小学　⑤文盲

5. 你的工作种类是：①纯农业　②兼业　③农业以外
6. 你们村有 ________ 人。
7. 你们村集体的年收入大约是 ________ 元。
8. 你的家庭人均年纯收入大约是：

① 1 500 元以下　② 1 500 元至 3 350 元　③ 3 350 元以上

题号	回答码
A1	
A2	
A3	
A4	
A5	
A6	
A7	
A8	

二、知情部分（根据您对现在实行的村民自治规定的了解作出选择）

题号	回答码
B1	
B2	
B3	
B4	
B5	
B6	
B7	

1. 村委会干部应该是：

①选举产生的　②上级政府任命的

2. 村委会选举须一人一票吗？

①是　②不是

3. 村长选举应该是：

①几名候选人中选一人　②一名候选人选一人

4. 选举时，干部在面前看着你写票，对吗？

①不对　②对

5. 村民投票以后需要当场公布投票结果吗？

①需要　②不需要

6. 村委会选举应当是：①全村人参加　②村民代表参加

7. 村里的大事应当是：①村民代表会议决定　②村干部集体决定

三、“直选”行为调查

C1	
C2	
C3	
C4	
C5	
C6	

1. 你家是派一人参加投票，还是各自去投票？

①派代表投票　②各自投票

2. 投票时，全家人有没有统一投某人的票？

①有　②没有

3. 选举时，你按谁的意见投票？

①按自己的意见　②按别人的意见

4. 如果没有家族势力做靠山，参选能成功吗？

①能　②不能

5. 直选时，村民是不是按姓氏房界等封建势力划分？

①是　②不是

6. 多数村民都愿意参加村委会选举吗？

①不是　②是

题号	回答码
C7	
C8	
C9	
C10	
C11	
C12	

7. 你能接受上级任命村干部这种方式吗？

①不能 ②能

8. 你认为村官直选好不好？

①不好 ②好

9. 如果多数村民的主张和你不一致，你能认同吗？

①不能 ②能

10. 选出来的干部不是你支持的人，你服从领导吗？

①服从 ②不服从

11. 如果村党支部书记和村主任不是同一人，你认为会乱吗？

①会 ②不会

12. 如果村党支部书记和村主任不是同一人，你支持谁？

①村党支部书记 ②村主任

C13	
C14	
C15	
C16	
C17	
C18	

13. 选举时，许多人来游说你，你选择投谁的票？

①朋友 ②亲属 ③宗族 ④有能力者

⑤品行好的人 ⑥有势力者 ⑦随便

14. 选举前拉票，哪种做法能影响你？

①宣传治村主张 ②许诺好处 ③说好话套近乎

④送钱物 ⑤威胁 ⑥其他

15. 你参加投票，是因为：①支持某人 ②他人所托

③干部的要求 ④随大流 ⑤有 补贴 ⑥其他 ________

16. 你没参加投票，是因为：

①没有支持的人 ②选谁都一样 ③干部没要求 ④没时间

⑤没补贴 ⑥其他 ________

17. 你认为由谁当干部和自己的利益有关系吗？

①有 ②没有

18. 你参加选举是因为自己的利益吗？

①是 ②不是

四、村民对“直选”的态度调查

1. 直选前，以下观点你同意吗？（①很同意　②同意　③说不清　④不同意　⑤很不同意）

题号	回答码
D1 - 1	
D1 - 2	
D1 - 3	
D1 - 4	
D1 - 5	
D1 - 6	
D1 - 7	
D1 - 8	
D1 - 9	

直选能选出好的干部 ________

①　②　③　④　⑤

直选有利于村的稳定 ________

①　②　③　④　⑤

直选能改善镇政府与村的关系 ________

①　②　③　④　⑤

直选能改善干部与群众的关系 ________

①　②　③　④　⑤

直选能改善村干部内部的关系 ________

①　②　③　④　⑤

直选能改善村里群众之间的关系 ________

①　②　③　④　⑤

直选能改善干部廉洁情况 ________

①　②　③　④　⑤

直选能促进村里经济发展 ________

①　②　③　④　⑤

直选能促进村务公开 ________

①　②　③　④　⑤

2. 直选后，以下观点你同意吗？

（①很同意　②同意　③说不清　④不同意　⑤很不同意）

D2 - 1	
D2 - 2	

直选选出了好的干部 ________

①　②　③　④　⑤

直选后村里更稳定了 ________

①　②　③　④　⑤

直选后镇政府与村的关系改善了 ________

① ② ③ ④ ⑤

直选后干部与群众的关系改善了 ________

① ② ③ ④ ⑤

直选后村干部内部的关系改善了 ________

① ② ③ ④ ⑤

直选后村里群众之间的关系改善了 ________

① ② ③ ④ ⑤

直选后干部廉洁情况改善了 ________

① ② ③ ④ ⑤

直选后村里经济发展加快了 ________

① ② ③ ④ ⑤

直选后村务公开情况改善了 ________

① ② ③ ④ ⑤

题号	回答码
D2－3	
D2－4	
D2－5	
D2－6	
D2－7	
D2－8	
D2－9	

五、农村干部资源状况调查

1. 你认为什么人适合当村干部：

E1			

（按重要程度排列选三个）

①办事公道 ②敢为村民说话 ③有带领村民致富的能力

④忠厚老实、待人和气 ⑤是自己的亲朋好友或同宗同房同族人

⑥党员干部 ⑦年轻 ⑧较有文化

2. 你认为现在的村干部能做好的事是：

E2			

（按重要程度排列选三个）

①维护村里秩序 ②带领村民致富 ③解决劳力出路

④调解村民纠纷 ⑤办好村内公益事业 ⑥发展村集体经济

⑦落实计划生育等政务 ⑧其他 ________

3. 你认为多数人当干部的动机主要是：

（按重要程度排列选三个）

①能够为民办事 ②能显示自己的才能 ③能福荫亲朋

④能出人头地 ⑤信息灵、门路广 ⑥可以较好发展自身经济

⑦可以多吃多占 ⑧其他 ________

题号	回答码		
E3			

4. 以下观点你同意吗？

（①很同意 ②同意 ③说不清 ④不同意 ⑤很不同意）

村里没有合适的干部人选 ________

① ② ③ ④ ⑤

能胜任当干部的人都外流了 ________

① ② ③ ④ ⑤

村干部当得好，得到的比失去的多 ________

① ② ③ ④ ⑤

选举前必须活动拉票，否则无法当选 ________

① ② ③ ④ ⑤

选出来的干部一般比任命的好接受 ________

① ② ③ ④ ⑤

选出来的干部为村民服务好，政务差 ________

① ② ③ ④ ⑤

任命的干部为村民服务差，政务好 ________

① ② ③ ④ ⑤

村里想当干部的人很多 ________

① ② ③ ④ ⑤

村经济好想当干部的人就多，不好就少 ________

① ② ③ ④ ⑤

E4－1	
E4－2	
E4－3	
E4－4	
E4－5	
E4－6	
E4－7	
E4－8	
E4－9	

5. 你最关心村里的哪些事情？

（按重要程度排列选三个）

①干部选举 ②财务收支情况 ③计划生育指标分配

④宅基地分配 ⑤集体分红 ⑥责任田分配和调整

⑦治安情况 ⑧学校教育 ⑨集体财产的处理

⑩其他 ________

题号	回答码		
E5			

6. 你最希望村里推行的事是：

（按重要程度排列选三个）

①不用计划生育 ②不用殡改 ③不用交税

④替村民找农产品销路 ⑤请农技员指导生产

⑥帮助解决劳力出路 ⑦集体分红 ⑧其他 ________

E6			

7. 你最反感村干部哪些行为？

（按重要程度排列选三个）

①大吃大喝 ②贪财 ③办事不公 ④作风粗暴

⑤追承包欠款太紧 ⑥落实计划生育、殡改等太认真

⑦不管事 ⑧其他 ________

E7			

8. 你认为现在当干部的难处主要是：

（按重要程度排列选三个）

①无钱办事 ②村民不好管 ③执行计划生育困难

④追讨承包欠款困难 ⑤顾了公家丢了自己

⑥经常对上对下难协调 ⑦执行殡改太困难

⑧其他 ________

E8			

再次谢谢您接受我们的访问！

参考文献

1. 仝志辉．村民自治的研究格局．政治学研究，2000（3）

2. 中国社会科学院农村发展研究所．中国农村发展研究报告．北京：社会科学文献出版社，2000

3. 蔡定剑．中国选举状况的报告．北京：法律出版社，2002

4. 吴绍田．解读村民自治．北京：中国发展出版社，2001

5. 党国英．村民自治是乡村民主政治的起点吗．战略与管理，1999（1）

6. 沈延生．村政的兴衰与重建．战略与管理，1998（6）

7. 陶东明，陈明明．当代中国政治参与．杭州：浙江人民出版社，1998

8. 李江涛，郭正林，王金洪等．民主的根基．广州：广东人民出版社，2002

9. 张厚安等．中国农村政治稳定与发展．武汉：武汉出版社，1995

10. 刘亚伟．无声的革命——村民直选的历史、现实和未来．西安：西北大学出版社，2002

11. 吴重庆，贺雪峰．直选与自治——当代中国农村政治生活．广州：羊城晚报出版社，2003

12. 中共中央关于农业和农村工作若干重大问题的决定．北京：人民出版社，1998

13. 蒋云根．政治人的心理世界．上海：学林出版社，2002

14. 张静．基层政权——乡村制度诸问题．杭州：浙江人民出版社，2000

15. 任晓. 中国行政改革. 杭州：浙江人民出版社，1998

16. 风笑天. 现代社会调查方法. 武汉：华中科技大学出版社，2001

17. ［法］托克威尔. 论美国的民主. 董果良译. 北京：商务印书馆，1988

18. ［英］J. S. 密尔. 代议制政府. 汪瑄译. 北京：商务印书馆，1982

19. ［日］田口富久治等. 现代世界的政治体制. 参考消息，1987（2）

20. ［意］马基雅维里. 君主论. 张志伟，梁辰，李秋雪译. 西安：陕西人民出版社，1999

21. ［美］奥斯特罗姆. 公共事物的治理之道. 余逊达，陈旭东译. 上海：上海三联书店，2000

22. ［美］杜赞奇. 文化、权力与国家. 王福明译. 南京：江苏人民出版社，1994

23. 朱炳祥. 村民自治与宗族关系研究. 武汉：武汉大学出版社，2007

24. 王春光. 中国农村社会变迁. 昆明：云南人民出版社，1996

25. 赵秀玲. 中国乡里制度. 北京：社会科学文献出版社，1998

26. 李德芳. 民国乡村自治问题研究. 北京：人民出版社，2001

27. 罗平汉. 村民自治史. 福州：福建人民出版社，2006

28. 温铁军. 中国农村基本经济制度研究. 北京：中国经济出版社，2000

29. ［美］科恩. 论民主. 聂崇信，朱秀贤译. 北京：商务印书馆，2004

30. 应克复等. 西方民主史（修订版）. 北京：中国社会科学出版社，1997

31. 陈健民，蔡子强. 民主的小故事与大道理. 香港：上书局，2008

32. 吴毅. 记述村庄的政治. 武汉：湖北人民出版社，2007

33. 邓小平文选（第3卷）. 北京：人民出版社，1993

34. 彭真文选. 北京：人民出版社，1991

35. 程同顺. 当代中国农村政治发展研究. 天津：天津人民出版社，2000

36. 吴毅. 村治变迁中的权威与秩序. 北京：中国社会科学出版社，2002

37. 朱新山. 乡村社会结构变动与组织重构. 上海：上海大学出版社，2004

38. “县乡人大运行机制研究”课题组. 县乡两级的政治体制改革，如何建

立民主的合作新体制．经济社会体制比较，1997（4）

39. 高鸿业．西方经济学．北京：中国经济出版社，1996

40. 栾博．西方经济思想库（第1卷）．北京：经济科学出版社，1997

后记

作为非专门从事研究的基层公务人员，完成研究论文在多方面都有许多困难。特别是政治心理学在中国的应用研究较少，可供参考的资料也较少。幸好在暨南大学人力资源管理研究所读书期间，得到了心理学专家凌文辁教授的悉心指导，他还鼓励我运用心理学知识结合工作实践从事农村问题研究，并对论文的选题和研究方法提出了许多宝贵意见，促使我迈出了研究尝试的第一步。农村入户调查工作既关键又辛苦，我的七位乡镇农业技术推广员同事和同行，他们利用对农村的熟悉，帮助我完成了入户调查的工作；当时还在校攻读研究生的麻冰冰帮我对大量的数据进行分析处理。在他们的帮助下，我终于顺利地完成了对村民自治绩效评价的尝试。尝试中难免会有许多不足，比如在测量村民自治方面，由于没有现成的民主政治绩效评价体系，运用李可特总加量表进行村民自治的绩效评估时，涉及问卷各小题的权重可能不均匀的问题，因而对村民自治的绩效评价仍需继续探索。另外，调查员与村民直接见面的记录，在一定程度上也会使调查结果受到影响，可能有接近政府政策要求的倾向，等等。但令我激动的是，谈起研究农村问题，谈起艰难中的农民兄弟，所有知识阶层人士都传递着一种热情，我的指导老师李相银博士，论文开题老师王国庆教授、左小德教授、戴良铁博士，还有论文答辩老师张延安教授、方俐洛教授等人都是如此。在他们给予我的支持中，不管是指导和帮助，还是批评和建议，始终贯穿着激励。在此，向他们表示衷心的感谢！

而重新整理二十多年来对农村的观察研究心得并成书出版，却是我从来没有想过的。因为自己总是信奉法无定法的道理，研究中充满的是对策性研究，时效性极强，时过境迁即成废言。在此，要感谢挚友徐义雄先生的竭力支持和吴翰先生的全力帮助，由于认同他们关于“研究的不成熟和不规范，不影响所提出问题和解决方法的启发作用”的观点，所以不揣浅陋，但愿此书能抛砖引玉，如果幸而能够对中国农民有所帮助，对中国的社会主义现代化事业有所帮助，哪怕是一丁点儿，都是我极大的满足。

还要说明一点，本书是在处理农村不稳定事件之余写下的，心绪不宁，水平有限，错漏之处在所难免，恳请方家赐教指正！

黄涌群

2008 年 10 月 16 日